U0107414

24位清北学子

高效学习经验解码

主　编 ⊙ 房超平

副主编 ⊙ 韩世文 / 黄建海 / 熊立铭 / 张敏

作家出版社

图书在版编目（CIP）数据

24位清北学子高效学习经验解码：清华篇 / 房超平主编 .
—北京：作家出版社，2024.7
　　ISBN 978-7-5212-2786-4

　　Ⅰ.① 2… 　Ⅱ.①房… 　Ⅲ.①高中生 – 学习方法
Ⅳ.① G632.46

　　中国国家版本馆 CIP 数据核字（2024）第 078544 号

24 位清北学子高效学习经验解码：清华篇

主　　编：房超平
策　　划：郑建华　房超平
责任编辑：郑建华　赵文文
装帧设计：肖　晓
出版发行：作家出版社有限公司
社　　址：北京农展馆南里 10 号　　　邮　　编：100125
电话传真：86-10-65067186（发行中心及邮购部）
　　　　　　86-10-65004079（总编室）
E-mail:zuojia @ zuojia.net.cn
http://www.zuojiachubanshe.com
印　　刷：三河市紫恒印装有限公司
成品尺寸：165×240
字　　数：202 千
印　　张：16
版　　次：2024 年 7 月第 1 版
印　　次：2024 年 7 月第 1 次印刷
ISBN 978-7-5212-2786-4
定　　价：52.00 元

总顾问

王殿军　清华附中原校长，清华大学教授，中国教育战略发展学会
　　　　副会长

顾　问（排名不分先后）

訾艳阳　西安交大附中校长，西安交大教授，博士生导师

周　杰　清华附中原副校长，云南省昆明西南联大研究院附属学校校长

周　剑　郑州外国语学校副校长，平原校区执行校长

程惠云　清华附中湾区学校执行校长，特级教师

付伟凭　清华附中大兴学校党总支书记

柳海英　海南中学党委书记，正高级教师

罗　诚　深圳科学高中党委书记，特级教师，正高级教师

陈　辉　海南省国兴中学校长，特级教师，正高级教师

沈忠杰　浙江海宁高级中学校长

王　茹　哈尔滨十三中校长，正高级教师

李后兵　襄阳五中党委书记，正高级教师

李　环　烟台市开发区高级中学校长，齐鲁名校长

李丽云　烟台市第三中学校长

周继莉　郑州外国语学校（集团）郑开学校校长

李　冰　西安市庆安初级中学集团总校长，正高级教师

李晓文　西安高新一中实验中学执行校长

王玉合　郑州外国语学校（集团）朗悦慧外国语中学执行校长，正
　　　　高级教师

林间开　广州市执信中学党委副书记、副校长，特级教师，正高
　　　　级教师

韩明礼　河北省丰宁满族自治县原教育局长

王遂社　陕西开放大学兼职教授

梦想从这里启航

写在前面

房超平

　　编辑此书，缘于清华附中大兴学校、清华附中湾区学校、昆明西南联大研究院附属学校等清华附中合作学校以及郑州外国语学校平原校区（平原外国语学校）等学校，延请笔者策划、组织、实施的青年领袖特训营（以下简称"特训营"）。

　　这个以"发现自我，拓展视野，提升格局，点燃梦想"为主题的特训营，导师由清华大学和北京大学在校优秀学生（以下简称"清北优秀学子"）担任，学员为高一高二在校学生，他们每六人组成一个学习型小组，由一名清北优秀学子带领开展团队合作学习。特训营的学习内容有以下六个模块：导师中学学习生活经验分享与交流、中学学科经验分享与交流、大学所学专业及其名人逸事介绍、梦想形成过程分享与交流，以及这些导师带领所指导的小组学员的多学科关键能力（包括沟通、协调、批判性思维、创造力、复杂问题解决五个方面）团队合作竞赛，试图通过导师分享、组内交流、组间展示、互动质疑等环节，使学员学会合作学习的基本要领，掌握高效、科学的学习方法与策略，发现每一个学员的闪光点，增强他们的信心，提高他们的表达能力、创新能力以及合作能力等。

　　由于每次特训营都组织严密，措施得力，导师积极、认真按照设计要求准备相关材料，学生也喜欢这种别开生面的活动式、引导式、参与式、体验式的学习，参与的学生热情高涨，受益匪浅，受到学校、学生、家长及社会的高度认可。很多学员在回顾总结时，情不自禁地发出这样的感叹：榜样的力量是无穷的，导师的求学精神与作风打动了我们。一些原本羞涩的小女生、胆怯的乖男孩，经过短短几天高强度训练，变得自信了、大方了，与以前完全判若两人。

这些可喜变化不仅悄然发生在学生身上，更是具体真实地看在家长和老师的眼里。连续几年，十余场这样的特训营，积累了大量生动鲜活的案例。而这些案例都与一个特殊的群体——清北优秀学子密不可分。于是，一个追问油然而生：这些清北学子身上究竟有什么魅力，能产生如此大的影响力？他们成长的背后究竟隐藏着哪些秘密？要寻找这些问题的答案，绕不开清北优秀学子这个群体本身。解开他们的成长密码和学业秘籍就成为某种必然，本书也呼之欲出。

作家出版社郑建华主任看到特训营的相关文章后，与笔者进行了详细、认真的沟通，并根据特训营的效果，建议我们把特训营的有关稿件（特别是清北优秀学子中学学习生活经历和各学科学习方法策略）进行整理，编辑成一本激励学生学习的专著。在郑主任的支持和指导下，笔者根据稿件的质量，从六十多位导师的宣讲文稿中筛选出二十四位导师的稿件，作为组稿的主要素材。然后，按照郑主任和笔者商量的编辑要求，组织这些导师对他们写的稿件进行了认真整理、修改和完善，形成了这本书的雏形。

初稿整理完成后，根据郑主任的建议，笔者对书稿进行了系统思考，并约请清华大学熊立铭、张敏两位导师，与笔者一起对稿件进行了认真修改，接着，邀请韩世文、黄建海两位专家在线上为每篇文章撰写阅读建议，以便读者能够读懂这些优秀学子文章背后的思考，模仿、借鉴他们的经验，提升每个孩子的学习效率。初稿形成后，笔者又根据编辑意图，进行了修改和完善。由于个别学生的稿件内容涉及个人隐私，所以根据他们的要求和建议，征得出版社同意，允许少数同学使用笔名。因此，可以这样说，没有郑主任的慧眼识珠，没有这些学生的辛勤付出，没有参与的每一个学员的全情投入，没有相关学校的大力支持，特别是没有我的老领导、清华附中原校长王殿军的指点迷津，出版本书几乎是不可能的。因此，笔者对他们表示衷心的感谢。同时，笔者还要感谢唐冰、白篮、肖恩卫等朋友的热心帮助，特别是肖晓为本书所设计的精美封面。

需要说明的是，由于内容较多，本书分为清华篇和北大篇两本。每一本书都分为"成长大道：绽放青春华彩"和"学科精术：破解高效密码"两部分。顾名思义，"成长大道"主要是导师对高中学习生活的回顾，二十四位导师每人一篇。"学科精术"主要是导师各学科学习经验汇编，语数英理化生史地政九大学科各有一篇入选（鉴于这部分内容会有部分重复，每个学科只选择一名导师的相关文章），而且因为九个学科分别由清华、北大的同学完成，所以每本书里只有部分学科经验，而两本书则包含了高中选考的九大学科的学习经验。

特别感谢下列单位对本书的大力支持：

北京曝华教育研究院

清华校友基础教育协会

北京紫荆花开教育科技有限公司

新思道（北京）教育科学研究院

第一部分　成长大道

绽放青春华彩

非走不可的弯路

张　敏

作者简介

　　张敏，清华大学新闻与传播学院本科毕业生。高中毕业于四川某市重点高中。获得清华大学"自强计划"加分。大学期间，获得国家励志奖学金、清华大学"好读书"奖学金、学习进步奖、社会工作优秀奖、唐仲英"德育"奖学金。多次担任清华大学招生志愿者、暑期学校文科营辅导员。曾于《中国教育报》发表《我在大学拍〈大学〉》《从一迈向无穷大，自强计划十周年观察》等文章。

核心提示

　　在人生的路上，有一条路每个人非走不可，那就是年轻时候的弯路。不摔跟头，不碰个头破血流，怎能炼出钢筋铁骨，怎能长大？把它作为此篇文章的主题，或许算是一种坦白和陈述。这里没有如何戒掉小说瘾的干货法典，也没有脱离小说后学习成绩直线上升的励志故事，有的只是真实的"戒不掉"的挣扎过程，和作为一个"过来人"的一些体悟、想法。希望能带给与她有相似经验的同学一些共鸣与启发。

"非走不可的弯路"出自张爱玲的一篇文章。我特别喜欢里面的一句话：在人生的路上，有一条路每个人非走不可，那就是年轻时候的弯路。不摔跟头，不碰个头破血流，怎能炼出钢筋铁骨，怎能长大呢？我把它作为此篇文章的主题，或许算是一种坦白和陈述。

　　陈列干货太功利，谈情怀又太不实际。"甲之蜜糖、乙之砒霜"的说法，用在这里或许不太恰当，但也有一点那样的意思。我总相信每个人都有自己要走的不同的路，也只能自己走那样的路。总结出一套成功的、优秀的范式，告诉家长、同学们，什么是该做的，什么是不该做的。我没有那个资格，也没有那种能力。给大家分享的，也只是我个人的体验与经历，是求学这些年走过的路。至于在这条路上我做的哪些让我离想去的方向迈进了一点，哪些又让我偏离了轨道一点，我无法判断，但我相信有很多东西是有共性的。

　　我一直都走着自己觉得正确的路。我相信这种我以为的正确，不见得就是"过来人"走出来的最佳选择。我不太会权衡利弊，计较得失，想要一路抱着我"不成熟的理想主义"。高三时喜欢看《悉达多》，黑塞写道："学会爱这个世界……学会接受这个世界的本来面目，热爱它，以归属于它而心存欢喜。"如此温柔敦厚。大概这三年的成长也是如此。我曾一度固执地想要寻找某种完美，想要生活在确定性中，却发现"天下岂有圆满之宇宙"，更不用说无暇之自我。于是也平和，也勇敢，也接纳，也坦荡。不单单是这三年，在漫长又短暂的生命里，要是一直怀着这样的热忱走自己觉得正确的道路，一直平和，一直勇敢，一直接纳，一直坦荡，或许就是浩浩荡荡、天高海阔了。

剪不断，理还乱——我与小说的爱恨情仇

这里没有如何戒掉小说瘾的干货法典，也没有脱离小说后学习成绩直线上升的励志故事，有的只是真实的"戒不掉"的挣扎过程，和作为一个"过来人"的一些体悟、想法。希望能带给与我有相似经验的同学一些共鸣与启发。

1. 痒

直到高二下学期，我都是住校生。因为父母在学校周围租了房子，周末的时候和父母住在外面。于是周五晚上到周日下午，我都能拥有智能手机。作为一个"欧气值"长期欠费且手残的卑微人士，我对各种类型的手游都敬而远之，但却对某绿色文学网站保有长期热情。周末回家基本上不会学习，抱着手机疯狂追文，沉迷小说不可自拔。

偶尔遇到上学日合理拥有手机的借口，比如艺术节，那结果就会更加恐怖。拿着手机的我根本抵挡不住小说的诱惑，每天中午少睡二十分钟，晚上晚睡半个小时，甚至早上提前一小时起来……记得有一次月考前的三个星期我都有手机，于是一直维持着这种"草草完成作业，每天少睡一会儿只为看小说"的状态。直到猛然惊觉快要月考了，心里才开始发慌，但是考下来发现也没有差到哪里去，堪堪吊在前20名的末尾，甚至还比上半学期进步了一名，我偷偷舒了一口气的同时又升起隐秘的侥幸与快乐。出成绩的那天晚上，正当我拿起手机准备奖励一下自己时，我的上铺（是那种一直很努力的女孩）突然对我说："我好羡慕你啊，每天都玩还可以考得那么好。"说不清我当时什么感受，但就是很硌硬，下意识地脱口一句："我哪里每天都在玩，只是我努力的时候你没看到

而已。"

　　她当时讪讪地回了句"是吗",然后寝室就陷入了尴尬的沉默。我只觉得有人扇了我一耳光,脸上火辣辣地疼。我自己何尝不知道,这只是一次偶然的侥幸,如同建在空中摇摇欲坠的楼阁经不起风吹雨打,只是见不得人的自尊心让我否认这个事实——在别人努力的时候,我耽于短暂的刺激性快乐。这让我产生了一种类似于偷窃的耻辱感,仿佛我的考试成绩是从别人那里偷来、抢来的,我根本配不上这样优于他人的成绩,并且迟早有一天,我会原形毕露,被现在落后于我的人远远甩在身后。

2. 反复

　　出于羞愧或者是恐惧的心理,我把手机老老实实交给了父母,并叮嘱他们周末也不要拿给我,离开了小说中的刀光剑影与恣意清欢,远去了情情爱爱与生死离别,我开始安安静静地学习。

　　这种状态一直持续到高三来临前的那个暑假。可能是高二期末考好了有点飘,也可能是被父母的"相信你有分寸,还是要劳逸结合"洗了脑,我鬼迷心窍又心安理得地重新拥有了我的手机,发现喜欢的作者又完结了新文,挣扎再三依然抵挡不住诱惑,让假期前野心勃勃的提高计划统统打了水漂。

　　心虚——可能只有这个词才能贴切地形容我开学后的心情。我不敢问周围的同学假期玩了没有,也不敢把那些说自己玩疯了的话语当真,只能像扔烫手山芋一样把手机扔回给父母,试图用日复一日的学习掩盖自己的懈怠轻视与自我放纵。

　　然而我只是从外部强制割断了我与小说的联系,用一段时间的淡忘强行来模糊我对它的贪恋。当我开始为高校自招选拔的各种流程忙碌时,父母留在家里的电脑再次考验着我的自制力。显然,我又失败了。每天来到学校就盼着放学,中午和晚上回到家的第一件事就是打开电脑查看更新。在自招的事情快要忙完的时候，又虚假地夸赞有电脑查资料真是方便，用拙劣的借口满足我"见不得人"的欲求。

说不清楚我在每天短暂的三五分钟里获得偷腥般的快乐后，偷偷摸摸删掉浏览痕迹时是什么心情；也说不清楚我在日记本上写下"没有自制力的人最丑陋"后，第二天依然准时将电脑开机的缘由。我觉得我在某种意义上很像《红楼梦》中的贾瑞，不停地在理智与欲望两者间徘徊挣扎，明知不可为而为之，自欺欺人，既快乐，又痛苦。

即使我悬崖勒马，在最后一百天里把小说抛在脑后，扎进高考的大潮里起起伏伏；即使我最后的分数算是中规中矩，没有留下特别大的遗憾，回想起那些被小说瘾支配的日子，仍然会冒起一身冷汗，产生一丝后悔与后怕。

3. 断舍离

不可否认，小说带给了我很多的乐趣。看到激动人心的情节，我会像个傻子似的蹦来蹦去；考差了难过得崩溃大哭，但再看到喜闻乐见的情节时会破涕而笑；周六晚上捧起手机看完一周的更新，总是会在"姨母笑"中慢慢卸去压力。

渐渐发现，我为自己找的那些看小说的理由，不过是自我满足的借口。看小说确实可以让人放松，但这是消耗精力、浪费时间的高成本放松，很大可能在之后的一天里都魂不守舍。相比而言，听听音乐，看看风景，甚至是发一会儿呆，都更加地有效而成本低廉；小说中确实会塑造一些高尚而令人敬佩的人格，但它并不能像你以为的那样，给你精神上的支持与鼓励，在你遭遇挫折与痛苦的时候，支撑你走下去的，只有你的理想与韧劲。

说得更加残忍与现实一些，上大学过后的二十多天里，我再没有打开过一次那个绿色的 APP，再没有一次关注过爱豆的更新。原因很简单，没有知识的底蕴，你甚至看不出那些你敬佩的作者文中的深层含义，也永远成为不了那些"神仙写文"的作者，并且在你的室友们愉快地探讨中外古今、诗词歌赋、大家名著时，你只能默默咽下"我喜欢看网络小说"的语句，低下头认真充电与学习。

戒掉小说瘾，可以很简单，也可以很难。尝试过，努力过，契机来了，才会发现一切都是那么地自然。

如何处理三组关系

师生关系、亲子关系，以及学习和非学习事务之间的关系，这三组关系，是我们在高中不可回避的话题。高中三年的生活不仅仅是在学习课本知识，同时还要学会处理各种各样的人际关系，并且学会分配时间，高效完成任务，这些都是成长过程中的重要经历。

1. 师生关系

首先我们来看看师生关系。老师是除了同学以外，在你高中三年学习路上最重要的陪伴者和指导者。他跟你相处的时间从某种意义上来看会和与家长在一起的时间相当，乃至在你身上发挥更重大的作用。应该怎么看待老师？第一，怎样看待老师这个资源？第二，怎样去跟老师处好关系？得充分发挥老师的效用，如果你在班上相对不起眼，老师也没怎么跟你交流过，这个时候你得主动一点。老师的精力是有限的，他只能关注到在他眼中看起来冒出来的那些同学。这个时候你怎么办？你得想办法在他面前冒出来。我记得我当时数学成绩不是特别好，为了充分利用老师这个资源，我好几次连着一个星期去找老师问问题，有不懂的地方打破砂锅问到底。后来发现这样的效果：第一，让我更充分地利用了自己跟老师的关系，让老师在学业上更好地指导了我，不仅仅是在课堂上，而且在课外还给我更多指导。第二，跟老师建立一个更亲密的关系之后，他会不知不觉地关心你，提点你。不一定非得积极参与班上活动，你可以私下选择去跟老师多沟通，增加老师注意你、关注你的机会。老师不仅能在学业上帮助你，也是你在奋斗路上的前进者和陪伴者，所以说希望你能找到自己最喜欢的老师，争取跟他做朋友，有困难的时候跟他倾诉、分享，对高中三年的成长会有很大帮助。

2. 亲子关系

中学阶段，是思想变化比较剧烈的时期，因为大家的人生观、价值观开始慢慢形成，也不断摧毁重建。大家的心理状况是很不稳定的。父母要多去倾听孩子的想法。因为孩子慢慢长大成人，和父母的关系就不再是被指导者和指导者的关系，更多是在人生道路上的陪伴者。这个时候，家长应该怎么调整角色？第一，孩子的自主性增强之后，该放手的时候，不要去管太多，让孩子学会自己承担责任，让孩子知道他的每个行为是需要自己负责的。而不是老是管他，不准做这个，不准做那个。想清楚，家长一旦放手，孩子可能会面临什么样的风险，能不能规避这个风险，能不能承受得了？此外，现在社会变化迅速，有时候要向年轻人学习。很多过去的人生经验，在孩子如今的生活中不见得行得通。所以说要尊重孩子。

作为学姐，有三点特别珍贵的体悟：第一，要珍惜和家人，尤其是和父母相处的时光。等上了大学以后，基本上都是住校，很多同学要去别的城市，乃至省外去读大学、工作，和父母相处的时间就会越来越少。第二，很多时候我们在经验上比父母更多，比如用手机、了解信息社会、了解科技发展，但是由于生活经历的差异、生活经验的不足，做出的决策是不太靠谱的。要多听听周围人的意见和批评。青春期的孩子逆反，有点自负、自傲甚至狂妄，得多听听周围人的想法，让自己开放一点，知道别人是在什么样的背景、什么样的成长环境下提出的这个建议，而我们又应该在什么样的程度上去采纳。第三，要承担起对家人的责任，尤其是你已经成年了。

3. 学习与非学习事务的关系

非学习事务，包括校园活动（学生会、校团委、社团活动、担任班干部），还有一些课外兴趣爱好，文学、艺术、体育、音乐以及各类休闲娱乐。在高中三年需要在应试条件下，学会应对复杂事务。看能不能在短时间之内把它又快又好地做完。如果能处理好这个关系，你所能进入的大学，所能扩展的事业，所能参与的非学习事务，以及你在恋爱中结识的对象，都将更为丰富和优秀。而高中三年，正是为这些事情做好充分准备的。

我们的生活离不开休闲活动、兴趣爱好。对于高中生来说，至少要做到两条基本原则：第一，这个事情不能干扰学习，核心方法是提高学习效率，而不是不娱乐。如果能够在有效的时间内，又快又好地把任务完成，谁不放任你去玩呢？而如果一边玩一边学，作业没做好，成绩没提上去，最后考试也考砸了，还有什么资格谈条件？所以要提高学习效率，保证成绩不掉队，不让父母担心学习问题，那谁还会唠叨呢？

第二，在选择休闲方式时，要注意其实是换换脑子而已，而不是让自己沉浸在某种极端的、强烈的感官享受上，比如说长时间打游戏。换换脑子，比如读一本小说，或者是锻炼身体，让我们的脑子从紧张的、忙碌的学习生活中解放出来，这就是休闲的最主要目的，而不是一味地沉迷在各种刺激中。此外，它在别的方面还能发展你的其他优势，比如运动锻炼、文学素养和写作能力。

同学，听说你也焦虑了？

想问大家一个问题，你们相信努力了就一定会有回报吗？

我相信努力付出一定会有所回报，有所收获。我知道很多时候，在长久的努力得不到回报时，在别人毫不费力就能够达到自己想要的程度时，内心的那种气馁和挫败感。一味地否定努力和付出的价值真的是让人丧气的一件事。我相信天道酬勤，也相信努力付出一定会有所回报，有所收获，只要坚持。但坚持的时间需要多长呢？努力的程度需要多大呢？没有人能够衡量。所以，在觉得无论如何付出都不见起色的时候，在确定自己的方向和方法没有错误后，你所需要做的就是继续坚持下去。

我一直相信"回馈期"，你的努力很多时候不会在当下反映出来，也不会立竿见影。高一背的单词，可能到高三才会在完形中用到；这个暑假积累的作文素材，可能要在诊断考试的作文中才能用到。不要有"我最近用功学习了，但考试成绩好像还退步了，我是不是干脆应该别学"这样的想法，因为你这次的退步只是前段时间不努力的体现罢了。我一直很喜欢"但行好事，莫问前程"以及和它很像的另一句"但问耕耘，莫问收获"。都是叫人努力，又不让人急迫地求索回报，太过功利。对于努力不遂意的人来说，继续埋头付出，等待回馈期才是最好的前进。

辛苦的日子是黑暗里的沼泽，狂奔是没有用的。很多时候要做的，只是每天都向前走一点。就像人在顺利的时候呼啦飞驰，在不顺利的时候就慢慢走。但一定要向前走，不要停留在原地，更不要退缩和逃避。

1. 心态调整 tips

正确面对竞争环境。学校是一个集体环境，是由一个比一个优秀的个体组成的。在这样的环境里，竞争和比较是不可避免的。这点千万不要逃避。在班级小小的教室里，个体的行为会被放大，会显得格外刺眼或者刺耳。比如，你做了很久的数学题都没有得到正解，你后边的同学却在吐槽题目太简单；又比如，你考了很差的分数，缺心眼儿的同学还非要问一问你的排名，顺便安慰你一番；再比如，班上的"大神"从年级第一滑到了第二名时如丧考妣，把你从400+向300+的进步衬托得微不足道……太多太多。我还是觉得，能和一群优秀的，特别是比我优秀的同学一起学习，是一件比我独自坐井观天、做个"鸡头"要好很多的事。但面对比较以及比较带来的心理落差是需要一定勇气的。我所能做的，就是保持自己的节奏，关注自己的进步和退步。

保持自己的节奏，就是把注意力放在自己的身上。无论身边有多少人上课写作业、写了多少作业，我都不会慌张，因为我需要听课，这是我自己的需要，我也会写作业，但不是现在。比如别人做了多少难题，我也不会觉得自己差劲，因为我明白自己需要的是基础的支撑，是一点点的勤恳和踏实搭起来的知识体系；甚至到后来，我和罗同学在谈到班上同学感叹"我最近有点浮躁，又一个小时做完了数学考试卷子"的时候，能够气定神闲地喝着奶茶说——这有什么，一个小时做完和两个小时做完都是做完，没什么区别。保持自己的节奏最需要的是计划性。所谓计划性就是，每天多久到学校、到学校以后做什么、多久去吃饭、午自习和晚自习要做哪些事情，都要给自己安排得清清楚楚、明明白白，并且一天天地坚持下去。发现自己有什么知识点和题型上的缺陷以后，立马就要提上日程恶补。清楚自己每天什么时候干什么，明白自己存在什么问题并且准备怎么解决，会让生活充满节奏感，也能带来一种安全感和踏实感。

身处清华，周围同学身上的闪光点太多太多，这世上可能会有很多敌人，但对手从来就只有自己一个，恶性竞争只能两败俱伤且很无聊。

虽然这一年绝不能称得上是"尽善尽美又尽善也",但我做了我能做的,所以我能接受一切结果。

2. 三个小原则

这里还想介绍三个原则:吸引力法则、触底反弹论和纯粹论。

心理学上有一个吸引力法则,简单地说,就是你心里想什么,它就会向你靠近。看似特别玄乎,但这是有依据的。我们的宇宙是一个磁场,很多东西会互相吸引,你心里想的是积极的东西就会吸引积极的,憋一肚子坏水说不定就会招来"横祸"。而且,能量是会相互传染的,再正能量的人如果一直受到周围消极情绪的影响,也很难保持自己向上的能量。我的高考分数挺尴尬,卡在往年清华的录取分数线上下。我当时想着一定可以考上,甚至想好了到清华要去的第一个食堂是哪个。不要去想考差了会怎样,去想考好了可以怎样。偶尔给自己一点小憧憬和小鼓励,带着勇士一样的决心,坚持下去!哪怕是现在,我也相信这种力量,当你真正相信一句话时,它一定可以在你陷入困境的时候给你力量!

触底反弹论告诉我们,当你发现自己处于一个很糟的境地时,要相信现在就是最糟的时候,接下来你一定会反弹。如果下一次没有变得更好,就要对自己充满信心,相信现在越糟,反弹的力度越大。如果现在正处于一个上升期,那就要想着你正处于反弹向上走的过程,还没有到顶呢,你还可以继续变得更好。

关于纯粹论,我想说的是,让你烦恼的这件事情不是高考,而是对高考的看法,那些对于高考的一些不良想法和情绪。以前我考试的时候特别烦,总是想很多,家长的期望、周围人的看法、自己的一些不够匹配的期望,让自己陷入一种焦虑和痛苦之中。有一天我妈对我说:"想那么多干吗,你考好考差关人家啥事?能把你考的分数记得超过三天的只有你自个儿。"是的,周围人对于你考得好不好,真的没有多大的兴趣。

而且，你的人生和他人有关吗？你的开心和不开心别人是很难感同身受的。那种谁家谁家孩子学习好，谁家谁家孩子优秀，都不过嘴上说说而已。人在一起的时候不总得找找话题聊聊，要不多尴尬呀。大家也就是嘴上说，没有走心。往往走心的是你自己与家人罢了。这个时候接受现在的自己，把一切杂念都抛掉。这一场历练所带来的耐力、建议，都会不同于你光鲜的文凭，而是潜移默化、悄无声息地作用在你接下来的生命里。始终保持这样一种心态，尽力而为，全力以赴。不求虚假的自我感动，只求问心无愧。总之要记住，对于学习，对于高考，抛开做事儿谈方法，抛开能力谈套路，都是"耍流氓"！

学习就像是在黑屋子里洗衣服，你不知道到底洗干净了没有，能做的只有一遍遍去洗，等到灯亮了，你就会发现，只要你认真洗过的，都是亮洁如新的。

阅读参考

有节制的选择　铸就明智的超人

身为数字时代原住民，每一个青少年都无法置之度外。网络游戏、网络爽文常常会令人沉迷其中。张敏有幸逃离网游的纠缠，却一度跌入沉迷网络小说的深渊。好在，她是一个有一定自制力的人，正如她所说：没有自制力的人是丑陋的。尽管她的自制力是不稳定的，即使做不了彻底的理想主义者，但也绝不会沦落到完全被现实奴役的地步——这种自我节制让她从人群中脱颖而出。

做一个明智之士，行明智之举，就可以成为现实中的超人，张敏的经历就是最好的例证。

网瘾难戒，网络小说瘾同样难戒。多少中学生乃至大学生沉迷其中难以自拔，断送学业，影响发展。张敏若不是有一定自制力的话，可能早已"报废"。

放纵的危害与节制的好处是人所皆知的，可放纵能带来眼前的痛快，相较于节制的痛苦煎熬，通常情况下，很多人还是会向放纵屈服。张敏的明智之处在于，她并非全然拒绝手机或网络小说，而是能守住底线，懂得节制——这是很难的，青少年不成熟无须大惊小怪，只是，不要沦为彻头彻尾的不可救药者。关键时候，把控好分寸就可以了。

正如张敏说："我觉得我在某种意义上很像《红楼梦》中的贾瑞，不停地在理智与欲望两者间徘徊挣扎，明知不可为而为之，自欺欺人，既快乐，又痛苦。""回想起那些被小说瘾支配的日子，仍然会冒起一身冷汗，产生一丝后悔与后怕。"是的，正是因为，张敏始终坚守心中的底线，才没有沦落为死心塌地的玩者，不用为自甘堕落而后怕。

在张敏看来，学生通常可以分为三类：聪明者边学边玩，大多学业不错，而且其中不乏多才多艺者；懒惰者一心只想着玩，贪图眼前一时的快乐，顽皮任性，连带着行为习惯不好，个别的发展到不可救药的地步，变成十足的"坏孩子"；只知道埋头读书的孩子，有点死读书的傻劲，精神可嘉，但其行为乏善可陈。

"我们坚决反对一心只玩的偷安苟且，但也不主张所有孩子都拼了老命似的去死读书、读死书，我们赞赏边学边玩的明智之学。"

死读书的对边学边玩的心存"羡慕嫉妒恨"，这一点完全可以理解，但并不可取；刻苦学习的学生，不是去检讨和反思自身学习效率不高的问题出在哪里，相反却把情绪发泄到边玩边学者身上——与其向优秀学生表达愤愤不平的情绪，不如把他们当成学习的对象，虚心向他们请教。有心者一定能观察到，往往越是死读书的同学，越容易陷入一苦再苦的死循环，找不到正确的方法和便捷的出路。根本原因是缺乏一种明智，走不出自我封闭的怪圈。

与其发牢骚，不如当面向优秀学生请教。会学习的人，明智的学习者，不会放过任何向他人学习的机会，更何况眼前有这么好的优秀学生及老师。而真正优秀的优秀学生，自然也会分享。毕竟乐于助人者、雍容大度者往往既成就自己，也能惠及他人。

因此，对于优秀学生来说，面对刻苦学习的同伴，也不应该以一句"我哪里每天都在玩，只是我努力的时候你没看到而已"来敷衍，而是毫不保留地与同学分享自己的经验和方法。这是张敏的经验之谈。毕竟曾经的她也这样"敷衍"过，却被同学的表现深深刺痛：成绩不好很冤，但努力是光荣的，刻苦是一种优秀的品质；成绩好不是可以不努力、不刻苦的理由，在学科学求真知的黄金时期，把那么多时间浪费在网络小说上，岂不是罪过？

及时的调整，恰当的节制，明智的选择，才成就了后来更优秀的张敏。学习她的经验，更多青少年学子也可以在现实的"挣扎"中做出明智的选择，过好有节制的学习生活，成就更好的未来。

谁说寒门无贵子

王之燃

作者简介

王之燃，清华大学社会科学学院本科生，获得"自强计划"40分加分。毕业于浙江某县中。高中期间，获得高中生数学竞赛省一等奖、物理竞赛省一等奖。大学期间，获得清华大学社会工作优秀奖学金、唐仲英"德育"奖学金、清华大学五星级志愿者，曾任学院团委组长、班长、唐仲英爱心社主席团成员。多次组织、参加支教活动，所教学生超过一千人次。

核心提示

她是一个来自贫困县、从没出过省的小镇女孩，就读于乡镇小学、初中，作为乡镇初中年级前三，她被提前招录到本县城唯一一所重点高中最好的班级。不料一开始现实就给她当头一棒——发现自己的学习基础在班里被"吊打"，学习成绩在这个班"吊车尾"。于是，她迅速开展反思，并且进行针对性的改进，在第一年暑假经过努力后，实现弯道超车，在高一后期稳坐了年级前十。但却在高二时落入低谷：厌学、焦虑，每日以泪洗面，最终高考失利。选择复读后，她通过适当调整，终于度过黑夜，成为小县城二十年间唯一一个考入清北的学生。

我来自一个贫困县，从小一直在农村长大，大学前都没有出过省。回顾从小学到初中，再从高中到大学的经历，有很多话，想给正在高中学习的同学说，希望你们能受到启发，更希望你们能汲取教训。

当头棒喝：考入重点高中却是挫败的开始

我小学、初中都在老家的小镇上就读，在初三第一个学期结束后，我参加了县唯一一所重点高中举办的全县统一提前招生考试。当时全县招了九十一个人，其中只有九人来自非县城的初中，我就是那九分之一。犹记得考上之后，也就是初三的第二个学期，第一天去报道，我发现我的学号排在了最后几个，这意味着我是这九十一个人中考试成绩吊车尾的。好歹我在镇里的初中一直都是年级前三，我想过县城的中学生学习基础会比乡镇的好一些，但没有想到差距会这么大，对我来说简直是当头一棒。

当时我心里有些沮丧，觉得自己不如别人，基础不知道能不能补回来；但也感到鼓舞，我想，虽然我之前接触的教育资源要比他们差，但是我们还是到了同一个地方，这说明我是一个很有潜力的人。现在我们处在同一条起跑线上，所有人都坐在同一个教室上课的时候，或许我会有更大的进步空间。所以在这里，我想鼓励同样来自弱势教育资源地区的同学们，被同一个高中录取，说明我们的能力也同样被肯定了。事实上，后来我们学校高三冲刺阶段年级前十中有五名同学来自乡镇初中。所以，首先要摆正心态，千万不要妄自菲薄，相信自己能够逐步跟上节奏，然后好好寻找自己与其他人相比的不足之处，并将之补足，勇敢地向前冲。

被高中提前招录的那个学期，我们九十一个人被分成两个班，提前学了一些高中的内容，还组织了一次期末考试。犹记得我在那次期末考试摔了多大的一个跟头——我的政治单科排名是全班倒数第五名。本满怀希望想着逆袭成黑马，不料又被现实重重地拍在沙滩上。但是我并没有因此气馁，况且还有整整三年的时间，现在早点发现问题就能早点调整早点解决，而不是成为正式升入高中后的"定时炸弹"。这是我对待学习中问题的态度。我发现很多同学如果遇到错误就会感到慌张或者沮丧，这是人之常情，其实，我们可以将之视为一次纠正错误的机会。只有高考那一次考试，会决定你未来去什么大学，在这之前犯的所有错误，都可以看作考试之神在眷顾你，为了让目前遇到的这些问题不在高考之时成为你的绊脚石。

所以，我在考试失败之后并没有因此消沉，而是迅速去反思复盘自己的问题。我的总结是，在上课听讲时，我只是单方面地接受，比较囫囵吞枣，感觉当时懂了就过了，没有进一步反思，而我们对知识的掌握光了解是远远不够的，这导致我并不能运用了解的知识，拿到题目后都是脚踩西瓜皮式地"暴力"解题，不会思考出题人的意图，不会融会贯通地运用知识点，毫无思路或者方法可言。

了解到我的问题之后，我就开始思考如何去解决并且迅速改变。

我仔细反思了我的政治学习历程，意识到之前的学习仅停留在对课本知识点的熟悉上，我的课本除了一些画的横线几乎是一片空白，然而很多课本之外的知识才是提分的关键。于是我向政治老师要来了所有的课件。因为落了一整本教材的内容，所以课件加起来有上千页。很多同学其实能意识到自己落了好多内容，但在发现落了很多之后就会产生懒惰或恐惧心理，从而对此望而却步。但其实，只要你下定了足够的决心想做，并且马上开始有计划地做，就会发现这并不是难如登天。我用了平时在学校的零碎时间和在家的周末时间，对照着课件，边标注边理解边记忆自学了一遍教材，用了大概一个月而已。在我正式进入高一的第一次大月考中，我的政治单科就达到了全年级第一。

除了学习方法，我感觉我的学习态度也出现了一些问题。那一个学期我有点"蒙"，老师给我灌输什么，我就听什么学习什么，非常缺乏自主性，而且不爱思考钻研。所以我的成绩也很普通。后来我反思自己为什么这么"蒙"，主要是因为我没有非常坚定的目标。初中我的目标是考入当地重点高中的提前班，现在我实现了，再之后呢？显然我没有想好，不知道自己想干什么，想去一个怎样的大学。相信现在有相当一部分同学的心理和那时的我一样，没有什么雄心壮志，甚至可以说内心毫无波澜。但我是一个挺要强的人，尽管不太去想未来的去向，但是至少我想付出自己最大的努力，看看自己的潜力究竟有多大。我现在想和大家说的是，定一个目标非常重要。可能你现在对大学的了解甚少，但至少可以在内心定个确切的小目标，比如要考到年级多少名，而这个目标可以定得高一些。我在高考前的那三四个月，发现自己已经准备得比较充分，考个985应该没什么大问题。那段时间我学习就没有什么动力。后来很多老师都鼓励我要冲清华。这是我从没想过的目标，确实很有挑战性。我能不能再往前一步，想想清华大学呢？结果，我还真的考上了。不要定一个你稍微付出点行动就能实现的目标，你的目标完全可以远大一点。有些同学可能会说，我现在年级500名，定一个年级第一的目标，这现实吗？朋友们，目标高远并不是"原罪"。如果你真的告诉自己必须实现这个目标，那你肯定会有大的收获。怕的是什么呢？是有些人想，我现在500名了，年级第一我就随便想想吧，定个虚假的目标，当然不会有什么收获。所以"原罪"不是目标定得太高了，而是你并没有付出配得上这个目标的努力。

弯道超车：你以为的天赋，其实全是努力

在提前班的一个学期之后，我迎来了高中正式开始前的最后一个暑假。相信每个人都听过，"暑假是实现弯道超车的好机会"。但是，又有多少人能在暑假做到完全投入呢？就好像一道菜，好吃重要，还是营养重要？有人说，营养重要，这有理；有人说，好吃更重要，因为好吃的，才愿意多吃，不好吃的再有营养，也不想吃。在高中给自己立每一个flag的时候，都要去想想这是不是现实的，是不是可行的，不然一切都是空中楼阁。好不容易结束了一个学期的辛苦学习，谁都想要放松放松，强行逼迫自己可能会产生逆反心理。

结合我的个人经历，我给大家过好暑假的两个建议：第一，尽量远离电子产品。你可以用自己喜欢的事来转移注意力，比如运动或者看书。其实沉迷网络是一种习惯，改掉一个习惯最好的方式就是找一个可以替代它的新习惯。第二，学习方面，可以做一些很花时间却又不得不做的与学习相关的事，比如背英语单词。背英语单词是一件特别花时间的事情，如果都在学期中去背，会挤占掉大量宝贵的学习时间。相比之下，暑假的大块时间，可以好好计划每天固定背多少个单词，而不容易被别的意外的事打搅。我正式进入高一前的那个暑假，要求自己要做完一本完形填空练习题集。那本题集涉及了整个高中的考纲词汇，所以我做得异常艰难。每一篇完形，都有十几个生词，我一一画了出来，每一个都翻了字典，把释义写在生词下方，然后记忆，所以整本习题集每一页都是红红的一大片。一个暑假后我终于把这本题集做完了，我的词汇量也得到了猛增，远远超过我当时的同班同学。之前在提前班的时候，我的英语成绩平平无奇，但是从高一开始就一直保持领先的优势。这个优势

持续到了高考，最后高考英语我考了 142 分。像英语、语文这些语言类学科，积累是非常重要的。积累词汇什么时候都不算晚，暑假尤其是积累的大好时机，真的要把握住！可是有一些同学，在发现一篇英语文章有很多生词时心里就开始打退堂鼓了。万事开头难，从一个单词都不认识到积累五十个生词，需要的毅力比从五十积累到五百个要大得多。而高考的其中一个考验就是看你有没有从无到有的勇气和恒心。

关于记东西，我在这里强调一下朗读和记忆的重要性。朗读可以有听觉记忆、肌肉记忆，而且可以加强你的专注力，有利于理解和记忆。有些人习惯默读，但我认为效果没有朗读好。我给大家提一个高效记忆的建议。首先，把之前积累的东西全找出来，给自己制订一个计划，比如每天读多少页，多少天内读完。其次，在读的过程中，用一种颜色的笔画出那些你觉得自己很容易遗忘的，第一遍读完之后开始第二遍，第二遍只读那些你之前画出来的。最后再用另一种颜色的笔画出一些你最最记不清的，等到考前一两天的时候再去读。这样可以节省很多时间，因为考前的时间已经不多了。如果不是考前只是平时的背诵，那可以按照这个顺序再重新来一遍，周而复始，加深记忆。此外，我认为"快记多遍"的效果会更好。

高一第一学期，我一步一个脚印，逐渐适应了高中的节奏，成绩才慢慢有了提高。高一第一次月考是年级第八名，自此以后就稳在年级前五名了。我觉得自己能取得这么大突破是因为把两件事情做到了极致：一个是做计划，还有一个是每天复习。从高一上学期开始到最后高考，我都坚持着这两件事情。每天做计划就是在前一天把第二天要干的事列出来，比如说今天我发现有个知识盲点，或者总是忘记，或者容易出错的，第二天的其中一条计划就是把这块知识点补起来。这是我计划中一项很重要的内容。比如说做某参考书第几页到第几页，整理什么试卷的错题，还有早读的一些计划。要灵活机动且非常详细。另外就是每天复习。这个过程很痛苦而且挺花时间，就好像是要把你脑海里快要遗忘的东西重新挖出来。但真的很有必要，上课讲的一些东西会有可能来不及消化或者来不及记忆，需要每天有一个专门的时间去巩固它，记住它。复习的时候我还会看或者读课堂笔记，重新过一遍白天的错题，等等。

在高一我们要学十门主课，很多同学每天连作业都完不成，但是我就能在每天下午的时候把作业基本做完，晚上再做参考书。我从来不把参考书当作额外的作业。我有这么多时间花在参考书上，最大的原因是我把上课学的知识点都吃得透透的，每天都会复习都会回想，所以对我来说做作业比较轻松，无须在做作业时重新翻看或者回想知识点。还有一个原因是我会利用碎片化的时间。比如说大块的时间我一般会做理科题，下课五分钟的时候我就做文科题。因为文科题一般不需要思考太久。等于说你用五分钟的时间做题，这五分钟是绝对能充分利用的。但是如果做理科题，你可能在五分钟里连思路都没想出来就上课了，等再下课你原本想的思路就全忘记了。

综合素养：考纲不会告诉你的考点

高考看似几门学科的组成，但其实考查的是学生的综合素养。除了学科知识，非学习因素也是在高考中制胜的关键。

第一，作息问题。大家从初中升入高中，作息肯定会有改变。很多同学觉得缺少睡眠，时常感觉上课很困。在高中的高强度学习中，困倦是在所难免的，包括那些所谓的优秀学生，甚至"学神"。我在高一升高二的时候在作息方面很拼。高一到高二，好多课程难度陡然增加。我每天复习需要做很多参考书，所以我需要花更多的时间，每天中午午休只睡十几分钟，还有做不完的任务，只能挑灯夜战。有一段时间，我每天十一点半睡觉。当时我有一个手环，它有个功能就是可以倒计时，到点了它会振动。有的时候我在那儿挑灯夜战，实在困得不行了，就给自己设置五分钟倒计时，然后秒睡。五分钟到了我就会强行爬起来继续写，再困了就再设置五分钟，如此反复，就不会困了。希望大家不要模仿我（而且我后来也没有这么做了）。提高白天的效率才是王道，尽量不要让累的消极情绪在心理上影响到你。任何事情要得到它都是有代价的，比如想考一个好的大学，你要付出很多时间和精力，牺牲睡眠时间和娱乐时间。在很累快要坚持不下去的时候，想一想自己的目标，就会觉得累是必然的，但也是值得的。

第二，关于挫折。我从来不是一帆风顺的。有考试必然有排名，每个班都会有第一，也会有倒数。你可能会觉得学习很枯燥，学习很难、很累，你想放弃了。甚至有一段时间，会觉得自己再怎么努力都没有用，开始否定自我。我也经历过这样的时期。我在高一升高二的时候选择了物理，但却觉得物理很难而且没意思，这是我最讨厌的科目。再者，我换了新班级，很不适应，又和室友相处得不是很好，所以非常想念高一的朋友和生活。那段时间我每天以泪洗面，各方面的压力，让我陷入了不好的情绪，无法自拔。为了让我感到好受一点，爸妈每天晚饭时从三十公里外的家赶来给我送饭，我们每天在学校的保安室见面。但是我一见到他们就哭，一直哭到晚读，有时候晚读也在哭。高三第一次选考，总分300分，我只考了260多分，之前的模拟考我最高考过294分，平时都稳定在285分左右。那段时间感觉自己辜负了很多看好我的人，心里非常挫败，一度一蹶不振。2019年高考考得相比平时也很不好。之前自己一直稳在年级前10名，2019年高考排在年级30多名（我们学校前10名和前30名的差距挺大的），这是我第一次考到年级10名开外，所以我选择了复读。我想告诉大家，看似现在在已经考上顶尖大学的人，也从来不是一帆风顺的。我也经历过大风大浪、大起大落，挫折肯定是会有的。但是上天给你这么多的苦难，就是要把你的肩膀磨炼得厚一些，这样才能接住最大的礼物。我当时是怎么克服这些挫折的呢？首先肯定是坦然接受挫折的存在，调整自己的心态，我还会找老师聊天。此外，还可以根据自己的爱好和性格来给自己解压，比如你喜欢吃，那你不开心的时候，就吃各种各样的好吃的；比如你和爸爸妈妈关系好，可以跟他们打电话倾诉等。作为过来人的我非常清楚，你可能到最后都没有躲过那些挫折，但人生并不是每一个挫折都需要躲过。关键是挫折之外，你还做了些什么。人生总会遇到不如意的事情，每个人都会，只要不让这些事情太影响自己就可以了。高考它不仅是对知识的检验，也是对心态的检验。我们在临近高考时心态难免会发生一些变化，比如说压力大、紧张之类。我们得正视这些负面的情绪，不必过于纠结于它为什么存在，重要的是怎么去对待它。

第三，高效冲刺。高考前三天的时间是非常重要的。三天时间很短，一般只能做一些查漏补缺的工作，但是如果不利用好这段时间，会非常容易掉链子。我给大家传授一些我的经验，这里着重分享一下非学习因素。一是要调作息。有些人说高考前三天要让自己比平时早睡晚起，其实我觉得这个需要依情况而定。比如说平时都十一点睡，让你考前三天每天九点睡也不一定睡得着，而且可能还会造成生物钟紊乱。正如高考前多次模拟考试，这是希望我们能把高考常态化，其实我认为作息也可以常态化，让作息更像你平常的状态，能帮助你有更多的平常心去对待高考。如果你平时十一点睡，并且第二天不怎么困，那考前一周还是可以十一点睡。如果你感觉第二天很困是因为睡得晚的话，可以考虑试着提前睡觉。二是要与父母做好沟通。如果一直以来和父母沟通都很好的话，可以延续之前的状态。但我知道有相当一部分同学在高考前和父母的沟通是不太愉快的。就比如我，当时高三每次放假回家，我和爸妈就会吵架，非常影响学习的心情，但现在我们完全不会吵架。高考的时候，孩子和父母的心态都会发生很大的变化，双方比较敏感，所以可以暂时采取冷处理的方法。如果像我当时一回家就会和爸妈吵架，我建议在高考前一周暂时不和爸妈说话（当然也不是拒绝所有对话，这里指的是尽量避免一些"引战"话题），避免引起矛盾。三是调整心态。当出现心态问题的时候，可以找一个你最信任或者最喜欢的老师谈心。老师在这方面的经验比较多。如果发现快要高考的时候，还没解决心态问题，我想说这太正常了，每个人都无法避免。你得承认这些心态问题的存在，不是说这一定会影响你的高考成绩，而是一定要正视这一点。所以，我建议尽可能不要去想那些会扰乱你心态的东西。

我想说，学习方法是根据自己的情况不断摸索出来的，但是通法就是拼了命地努力、努力再努力。希望各位学子都能够通过自己的努力，得到理想的成绩！你们身上都有无限的可能，希望你们能珍惜这宝贵的学习时光，发挥出自己的最大潜能。

阅读参考

改变自我　方能成为赢者

近些年，一个不争的事实是，农村及落后地区学生考取清华、北大等名校的占比逐年降低，寒门难出贵子一度让人们慨叹。显然，教育资源分布不均成为很重要的制约因素，但是改变这种发展状态是一个长期的过程，涉及社会各个方面，对于那些坚信知识改变命运的贫寒学子来说，改变社会等不起，唯一可做的就是改变自己。王之燃就是其中的典型代表。

克服自卑感，以比较优势提振信心。出身贫困地区，来自乡村薄弱校的学子，往往因为家庭背景或者生活环境自带自卑的阴影，且表现得相对敏感、脆弱——这种心态要不得，因此，从乡村学校走进城区优质学校，当事者需要积极调整心态，做出改变，以克服这种不必要的自卑感。王之燃在这方面做得很好。每当她有自卑情绪干扰的时候，就会想到一种比较优势：虽然之前我不如他们，享受的教育资源无法与他们相比，但是，现在大家处在同一起跑线，比较优势会助我一臂之力。这样一想，学习就有了信心，对未来也充满希望。

把好学科关，得语文者得高考。一般来说，"得数学者得天下"没有异议。但语文学科如何定位常常是众说纷纭。语文学科的复杂性在于，它不是一门刚性学科，比如数理化不会就是不会，其答案往往是确定的。语文则不同，一篇作文只要能不跑题，文通字顺写出800字，就能得分。因此，王之燃认为：数学为王抓例题，语文为基抓平时。越是高分段，语文越拉分，语文的重要性越凸显。但学语文是慢工出细活，急不得，不能猛攻但也拖不得。利用好零星时间，抓平时一切可以利用的机会很管用。学语文随时可学随处可学，表达是语文的基本功，是提高语文成绩的捷径。比如课堂发言就是很好的机会，作文是练习自主表达的机会，把日常积累下来的感想和想说的话写出来，就像王之燃说的那样，"好的高考作文是准备来的"。

利用好时机，借假期实现弯道超车。学习对每一个学生都是公平的，在校时间和安排基本一样，可是又因为假期显得不公平：有人在假期睡大觉、玩游戏，放纵自己，有人却重新加满油，在新的赛道上奔跑，实现"弯道超车"。

很多考入名校的学子在回顾这段学习时光时，都将优秀与否、拉开差距的关键点锁定在假期的利用上。事实证明，在寒暑假这个赛道上善于奔跑的，往往都是高手。"那些成绩优秀、会学习的学生，面对寒暑假这么大块可供自己自由支配的时间，绝对不会简单地将其视为放松和享乐的时光，而是会充分将其利用起来，为自己充电。"

王之燃就是其中的"充电者"之一，她的做法简单明了，直奔主题，第一条就是拒绝电子产品。"改掉一个习惯最好的方式就是找一个可以替代它的新习惯"，新习惯就是运动和读书。每当对电子产品心痒痒的时候，随手拿到的是近在一旁的书籍和报刊，而手机早就上交给了父母。

可以说，学生如果不能毅然决然地与电子产品分手，想要过一个有意义的假期是不可能的。沉迷于玩手机，不断充电的是手机不是自己。闯过弃手机关后，王之燃就能静下心来促学业。具体做法是集中时间做"不得不做的与学习相关的事"，比如背英语单词、做完一本完形填空练习。事实证明，这段时间的突击效果非常好，从此她的英语单科成绩一直位居前茅。当然，具体到每个人情况不同，该做哪件事没有标准答案，但原则是可以参考的。

假期当然也可以选择旅游，但不要设计成纯玩线路，需要借助旅游来开阔眼界、提升认知。比如，红色旅游、项目研学等，并且行前有计划、途中有记录、结束有报告、呈现有评议。呈现的形式可以是一份书面报告，或一次研学汇报会，也可以是一个专题片。既是旅游，也是学习，还完成了一次创作。

总之，学习是每个学子自己的事，出身不可选，但是成长可以突围，每个学子都需要调整好心态、找到好方法，在恰当的改变中成就不一样的学业，让更多寒门走出贵子。

经验与教训并存　成长与成功与共

熊立铭

作者简介

熊立铭，清华大学经济管理学院本科毕业生。曾获清华大学"领军计划"加分。获清华大学综合优秀奖学金、清华大学优秀学生干部称号。曾多次被邀请为暑期学校学科经验交流语文学科主讲，面向全国三千多名顶尖高中生讲授语文学习方法。

核心提示

从大学退学，到考上清华。有着这样独特经历的她，也曾经觉得想上清华是"癞蛤蟆想吃天鹅肉"，曾经因为和同学的差距感到失落，曾经成绩起起伏伏。从她的这些经历中，可以学到的不仅仅是经验，也有教训。

关于高中学习经历，我想从两个方面分享：一是我的三条经验，二是我的三个教训。我的三条经验分别是"空杯心态""目标意识"和"小处着手"，而三个教训则是"统筹规划""寻求帮助"和"接受差距"。短短的二十四个字，却是我高中无数次成功与失败的见证。每一个词，看到它们时，我都能回忆起一段故事。

先说说自己的三条成功经验。

空杯心态

什么是"空杯心态"？顾名思义，也就是把杯子里的东西都倒掉。大家无论在什么年纪，都或多或少有过辉煌成绩，也或多或少经历过失败。但无论是失败还是成功，都应该放下。过去的失败是过去的，体现了你当时的一些问题，但无法定义你未来会是什么样，也不能阻止你现在解决问题。失败只能说明你当时做得不够好，但不能说明你没有能力做得很好。如果束手束脚，一味自我否定，那么过去的失败就变成了未来的绊脚石。而过去的成绩，也可能是未来努力的负担。为什么这么说呢？当你进入一个新的环境，周围人的水平是不同的。如果因为过往成绩很好，而惯性地认为在这里成绩也应该很好，但实际上大家水平都有提高，那么就很容易受到打击。简单地说，时过境迁，人是在发展的，要时刻用更新的发展眼光看待自己、看待世界、看待他人，才能获得对自己的客观评价，专注于当下的任务，而不是纠结于无谓的否定。

小学的时候，我虽然不总是年级第一，但也有非常辉煌的过往。当了六年班长；500 分满分的考试可以考 497 分；作文常常被当作范文，在征文比赛中还拿过全国一等奖；体育成绩很好，拿了很多次运动会第一，是唯一一个在篮球和田径两个项目上都进入校队且代表学校参赛的同学。

我的初中也是当地最好的初中，招收来自周围省市的尖子生，每年担心报不上名的家长恨不得把学校门给拆了。在入学前，父亲给了我两个嘱托，一是锻炼好身体，二是管好思想不要乱。至于学习，这里都是高手，要放平心态，跟上就行。本以为我已经做好了心理准备，没想到开学的自我介绍还是让我大受震撼。同学们多才多艺，各怀绝技。有书法在省里多次获奖的，有拉丁舞金牌拿了好几个的，有中国舞、古筝、书法、钢琴都是十级的。跟他们比起来，我好像没有什么特长。幸好，当时的我跟自己说，跟这么优秀的同学在一起，要多学习，跟不上也没关系。于是投入上课提问，下课作业中。没想到的是，第一次考试我就拿了年级第 13 名，比入学考试进步了好几十名。但我告诉自己，这可能是运气，要继续认真学习。后面成绩起起伏伏，有时候能霸占年级第一的位置，九科考试七科满分，有时候也会跌到好几十名后。但我不看重成绩的起伏，一直专注学习本身。后来中考考进了全市前 10 名，这是初中的我想都没有想过的。不被过去的成绩绊倒，专注学习，我认为是很重要的原因。

高中的时候，我考入了成都七中。在四川省内，七中的名号可以说是如雷贯耳，这是所有中学生都膜拜的地方。有一个段子说，七中的老师常跟学生说，如果学习不努力，只能去隔壁。隔壁是哪儿呢？隔壁是川大。段子归段子，七中的学生并不是所有都能过川大线，但确实实力不俗。高中班上四十人左右有十一人最后去了川大。大家可想而知，这里的同学也个个都是优等生。尽管初中已经经历过一次"大开眼界"，但当时的我还是再一次被震撼了。有同学喜欢英剧美剧，英语像母语，而我第一次听说英剧美剧；有同学是游泳特长生，拿了许多省级奖项，而我没有什么拿得出手的特长。各市的状元也不少，而我也不是状元。虽然如此，我再一次摆平了心态，告诉自己，能够和这么多优秀的同学一起是我的荣幸。如果成绩好，那么很好，如果不好，也不必忧虑。带着这样的心态，我在高中前两年也取得了不错的成绩。虽然拿年级第一不那么容易了，但前 10 名也是常事。而周围的同学有些由于无法取得初中一样的正向反馈，逐渐消沉，十分可惜。

如果说前两段经历都是向上走，是放下过去的成绩，那么我退学后这段经历便是一种后退，也是放下过去的失败。我第一次上高三时，成绩稳步上升，最好名次在成都市排到前 25 名（大概是四川省前 50 名的水平），可以稳上清北。但是高考却失误很大。这个分数和名次，我现在还记得清清楚楚——641 分，全省 2519 名。我的父亲曾花了一年时间为我研究志愿，甚至做了一本小册子，但我的成绩跌出了他的最低预期。于是，这一年的研究都白费了，可见我考得有多差。曾经看都不看的学校，现在冲一冲都不一定能上。后来退学复读，其实很考验心态。万一比当初还差怎么办？这个时候，空杯心态发挥了很大的作用。过去的已经过去，我要做的是把握现在。未来就是一张白纸，任我发挥。我也许没那么厉害，也许上不了清北，但是我也没那么差。失败只是一时的，985 还是能上的。带着这样的想法，我投入了复读生活，最终圆梦清华。

回望我的求学之路，或许有很多的经验教训，但我认为空杯心态无论如何要放在第一位。专注现在，才有未来。而过去，无论是成功还是失败，都不能代表什么。我们或许不是天才，但也不是笨蛋。我们都是普通人，努力就会有进步。让自己保持空杯心态，就是给自己一次重来的机会，何乐而不为呢？

目标意识

第二个经验是目标意识，也就是"以终为始"。而这是我从周迅的一个小故事中学到的。

周迅十八岁时，有一天她的专业课老师问她希望十年后的自己是什么样的。她说，希望十年后的自己成为最好的女演员，同时可以发行一张属于自己的音乐专辑。老师于是开始跟她算：

"十年以后，你二十八岁，那时你是一个红透半边天的大明星，同时出了一张专辑。

"那么你二十七岁的时候，除了接拍各种名导演的戏以外，一定还要有一个完整的音乐作品，可以拿给很多很多的唱片公司听。

"二十五岁的时候，在演艺事业上你就要不断进行学习和思考。另外在音乐方面一定要有很棒的作品开始录音了。

"二十三岁就必须接受各种培训和训练，包括音乐上和肢体上的。

"二十岁的时候就要开始作曲，作词。在演戏方面就要接拍大一点的角色了。"

这时候周迅发现，自己什么也不会，仍然为小丫鬟、小舞女之类的角色沾沾自喜，如果想要实现目标，必须努力。她始终用这个目标激励自己，很认真地筛选角色，最终成了大家所熟知的演员。

初中班主任讲过一句我印象很深刻的话：求其上者得其中，求其中者得其下。意思是你的追求有多高，决定了你的结果有多好。

我初中入学时没想过要上清华，也没想过要考第一。第一次考试考了年级13名我很高兴，觉得这个已经是超常发挥了。但班主任跟我说，每个前30名的同学都有考第一的实力。我就觉得，第一也不是那么遥不可及，是可以奋斗的目标。后来真的考了第一，而且连续考第一，我又开始有别的想法。不知道在什么时候，我知道了成都七中，七中当时每年招一百五十个外地生，全省的尖子生都会去考试。就算是我们学校的第一也不一定能考上。于是我又想着要上七中，甚至上清华。当初脑子里想到清华的时候，我还有点不好意思，觉得自己像"癞蛤蟆想吃天鹅肉"。尽管如此，我也没法阻止自己不想。当时我们对口的高中每年能考上一两个清北，而七中每年有几十个。所以我告诉自己，你要上清华，得先上七中。我甚至还去操场上喊。最开始不好意思，后来就很大声，很快乐，好像自己真的已经上了一样。我当时的成绩去对口的高中很容易，也没有太多努力的动力。但是要上七中，就得很努力才行。这成了我整个初三的动力。幸运的是，我后来真的考上了七中。但如果不是当年的那个想吃天鹅肉的念头，就没有今天的我。

当然，只有目标是不够的，计划的落实至少还需要动力、规划和启动。为什么只讲到启动呢？因为万事开头难，有了动力，有了规划，有了第一步，后面是自然而然的事。

解决动力问题，你要问自己，到底有多想，为什么想要，你愿意为了这个目标付出些什么。我的高中班主任说，有时候你没有做到一件事情，是你根本就没有那么想做到。当时觉得这句话很"玄学"，后来觉得很对。因为如果你很想做到一件事，你能放弃很多别的事情，用所有的精力和时间来做这件事，那么做成的可能性也就大了很多。比如你想考某个大学，你可以问问自己，你愿意为了这个大学放弃你的休闲时间吗？愿意放弃和家人见面的时间吗？愿意放弃花在爱好上的时间吗？大概如此。高一的时候，他说，班长要第一名的同学当。我很想当班长，就暗下决心，一定要当第一名。这个是我优先级最高的事情，我愿意付出我的所有时间达到这个目标。为此我上课也不和同学聊天了，结果果真下一次就考了第一。光有动力不够，需要有切实的规划。高三的时候，我有一次月考特别差，跌出了前20名，我觉得这样不行，我得回前10

名。于是我在本子上详细写出了预习、上课、作业、复习的要求，比如上课一定要举手提问，如果有地方没听懂，下课马上要解决，不能过夜。有了规划，迈出第一步很重要，我当时选择每天跑步作为自己的启动方式。有同学可能很奇怪，跑步跟前 10 名有什么关系呢？没有直接的关系。但是跑步能让我有一种掌控感，认为自己很有规划，能够做到很多事。而跑步本身也不需要太多别的条件。我会告诉自己，这个事情能做到，那么别的规划也一定能做到。这其实在心理学上也是有依据的。有一个词叫"自我效能感"，就是觉得自己能做成一件事。如果你总是达不成目标，对自我效能感的消耗就很快。而达成目标则能补充自我效能感。跑步就是我补充自我效能感的方式。当然，选择什么事情作为第一步，或者说"启动"也是 门学问，而这便是我要讲的"小处着手"。

小处着手

不要小看一个小小的行动。有一句话叫作：History repeats itself。历史总会重演。为什么这么说呢？因为事情的发生不是偶然的，而有背后的底层逻辑。如果底层逻辑没有变，那么就算换了人、换了时间、换了地点，仍然会有同样的结果。比如黄宗羲定律，说的是中国历史上的朝代，都是最开始反抗前朝的苛捐重税，揭竿而起，然后施行新的税制，但逐渐税负变重，最后民不聊生，又有人揭竿而起。学习里也有这样的循环。其实很多同学学不好不是因为脑子不行，而是习惯不好。比如上课聊天，老师讲的没听，作业就不会。作业不会，就觉得这科很难。觉得很难，上课就更不愿意听。不愿意听，就很容易聊天走神。循环往复。在这样的循环中，重要的是我们要明白循环为什么会发生，然后找到最容易改变的点，突破它。

空杯心态其实是走出循环的其中一种方式，让自己先不觉得自己不行。人对于过去的失败确实很容易有畏难情绪。那就让这个事情更简单一些，做一些自己认可，需要一点努力，但是又没有那么难的事情。

想必大家都听说过蝴蝶效应，蝴蝶为什么扇一扇翅膀就能引起龙卷风呢？是因为这里面有许多的正反馈。正反馈是一个专有名词，不是说有正向的反馈，而是反馈的结果会放大诱导因素。蝴蝶扇动翅膀引发的气流运动会越来越大，最终变成龙卷风。这就像杠杆原理，以小博大。所以我们要找到这些启动的"小行动"。如何找到呢？它们的共同特点是成本低，但是对于你的影响大。比如跑步，比如每天背三个单词。它们很小很小，需要的时间也短，不会有太大的负担，但是它们会让你觉得自己在执行计划，在行动。而这也是我们的心理账户中的"存款"，能让你有动力做更多的事。这个存款就是前面说的"自我效能感"。而积累自我效能感最有效的方法就是行动。

从小处着手，用行动打开新局面。

再说说自己三个血的教训。

统筹规划

讲完经验，听起来我的高中还蛮成功的。但事实并非如此，我也有许多血的教训。毕竟，高考的失误，也不可能完全是偶然的。最重要的教训是要学会"统筹规划"。

第一次高考，我失误最大的科目是理综。我清楚地记得，理综考试时，三十分钟提示音响的时候，我的答题卡还没有翻页，而我是按照顺序做的。事后我估算了一下，当时大概还有 99 分的题没有做。可是为何如此呢？因为我在物理大题上花费了太多的时间。那年的物理压轴题比较难，我为了这道题花费了半小时，以至于后面更简单也更擅长的生物和选做题没有时间做。阅卷老师并不能看到你会做多少题，他只能看到你做了多少题。我仍然记得当时非常慌张，脑子里全是复读。第一次高考，我的理综 241 分；第二次高考，理综 283 分。如何快速提高 42 分？很简单，做完所有会做的题。而这需要做到先易后难，不会就跳。这是一句可能老师说过很多遍的问题，但是我没有重视。

这看似简单的做题顺序问题，其实是很重要的统筹规划问题。除了考试，生活中处处是统筹规划问题。统筹规划体现了你的价值观，也体现了你的优先级。而对于学生来说，最重要的资源是时间，时间规划也自然是最重要的规划。休闲与学习时间的分配，语文与数学，或者英语等学科之间的分配，再到一次考试中选择与填空的时间分配，都很重要。规划做得好，可能不明显。而像我一样规划不好，后果则非常严重。提前有规划，是在做全局最优化；事到临头再规划，则只能是局部最优化。全局最优化一定不差于局部最优化。很简单，大家都学过函数，局部最大值是一定不大于全局最大值的，所以大家一定要有规划的意识。这里我想特别强调休息和锻炼的重要性，有句话讲"7+1 > 8"，讲的就是把工作的一小时用于锻炼，比一直工作八小时效果要好。一方面，适度的休息能提高效率；另一方面，长远来看，人生是马拉松，强健的身体一定是最重要的依靠。其实，身体不好导致高考失误的不在少数，希望大家不要因为这方面原因而失误。

"运筹帷幄"，希望大家都能统筹好自己的考试和学习，更要统筹好自己的人生。看长远，看大局，而不是仅盯着眼前。

寻求帮助

第二个血的教训是要学会寻求帮助。

人无完人，有问题是很自然的。但是我们常常担心暴露自己的缺陷，也担心麻烦他人，所以不愿意寻求帮助，这也很正常。哪怕在清华，也有许多同学不擅长寻求帮助。但今天我要告诉大家，寻求帮助是非常重要的，也是非常有效的一种解决问题的方式。

我第一次上高三时，对自己的状态很不自信。虽然全市排名稳步上升，但我总是觉得自己有问题。可是老师们都觉得我没问题。我知道老师们是为了鼓励我，但我就是觉得自己有问题，又没有找到问题所在。从结果看，我当时对高考有种莫名的恐惧感，且时间规划能力确实有待加强。我曾经向老师求助，但没有引起重视，我也就不了了之。现在回过去看，其实非常必要。历史没有假设，当时的我没有寻找到帮助，但我希望你们可以主动一点，寻求帮助。

必须承认的是，寻求帮助没有那么容易，对大家来说，可能有几个坎。首先是坦然面对困难。遇到问题，可能会显得自己有缺陷，但是大家要知道，遇到挫折是很正常的。你能想到的所有优秀的人，没有人是一帆风顺的，这不是因为你差劲。你可能会说，别人都能解决这个问题，但是我不能，我觉得很丢脸。或者，这个问题看上去很傻，但是我不会，不要有这种想法。再小的问题，如果你无法解决，都值得被重视，都值得寻求帮助。其次是要勇敢提出疑惑。大家会觉得寻求帮助会麻烦别人，但是另一方面，被需要是一种幸福。无论是你的同学还是老师，在社会网络中被需要，是人自然的需求。我的高中老师讲过一个故事，他的一个师兄研究一个问题研究了十年，最后终于有了进展，但是一交流，发现另一个师兄早就研究过并且解决了问题。是否懂得寻求帮助，有时候是事倍功半和事半功倍的差异。最后，帮助是相互的。我希望大家在寻求帮助时更加真诚，也更加主动，并且要真的拿出行动来，让帮助你的人看到你的改变，并且及时向他们反馈你的进展，表达你的感谢。相信我，如果你能做到这几点，大家会越来越愿意帮助你。其实这也有社会学的理论支持：更会利用社会网络和社会支持的人，也能和社会网络形成更紧密的连接，从而受益更多。

直到大学毕业，我仍然觉得寻求帮助非常有用，但自己寻求帮助的主动性不够。希望我和大家能在这一点上共同努力。

接受差距

语文是我最好的科目，也一直是我自信的来源。每次做语文卷子，我都会把题干和文章标注得密密麻麻，并且认为这是我的得分利器。复读的时候，有一次我帮忙发语文周考卷子，我发现另一个同学的卷子非常干净，几乎没有标注，但是分比我还要高。最开始我想，因为卷子是自己批改的，可能他改得高吧。但是我仔细看过他的答案后，不得不承认，他确实写得比我好。这件事让我非常崩溃。一方面，语文是我的强项。另一方面，我是复读生，比同学们多学一年，但我却比不上他。我在失落情绪中挣扎了几天，最后找到语文老师。我以为他会安慰我。结果没想到，老师说，人与人之间的差距是客观存在的，但是你要看到，上天已经待你不薄。就是这句话，让我从失落和嫉妒中走出来，能够虚心地向同学学习，语文成绩也稳步上升。

是的，人与人之间的差距是客观存在的。进了清华之后感受尤为强烈，各个方面都比你强的人确实存在。问题的关键，是我们如何对待差距。

面对差距，出现自卑、嫉妒或者焦虑的情绪都是很正常的。我们通常称这样的情绪为负面情绪，但是你是否知道，负面情绪的出现，其实是为了正向的影响？无论是焦虑还是嫉妒，都是身体在提醒你，应该采取一些行动了。我们应该做的是什么呢？是反思，学习与追赶。接受差距并不代表放弃追赶。正是因为有差距，才要追赶。我初中曾练习中长跑，作为队里中长跑不多的女生，每次训练都很辛苦，但是我的师姐告诉我，她跑步的原则有两个，其中之一是不要被超过，如果已经被超过，那么不要停下来。我也希望大家能够持续努力，永不放弃。

三年很长，长到有好多的失败和挫折；三年也很短，短到美好的时光仿佛就在昨日，却就要说再见。哪怕我的高中有四年，我仍然觉得好短。我的高中已经过去，但大家还有许多未来。希望我的这些经验和教训能够带给大家一点启示，让大家少走一些弯路。

阅读参考

小处着手　功到自成

熊立铭以三条经验与三个教训总结了自己学生时代的得失，可谓言简意赅，精准到位。留意家庭教育的朋友们，或许大都注意到这样一个现象，现在的孩子就是不按常理出牌，分明是该在确定的时间、合适的地点做的事却不做。面对老师的批评，家长的催促，还强词夺理，找各种理由推诿拖拉。相反，有的孩子却热衷于做不该做的事。剔除其中个别有被老师和家长误解的例外，多数还是孩子自身的原因。而熊立铭同学不仅时时保持空杯心态，善于反思不足，把该做的事做好，而且是同龄人中努力做好该做的事的典范。

她的三条经验"空杯心态""目标意识""小处着手"，不是某一天忽然得来的，而是打小时候起就开始有意无意培养了。小学打下了好基础，为后续无缝衔接初高中做了很好的铺垫。当然，这个基础主要不是指学习，而是指素质。简单地说，小学时期，她就是一个各方面表现都不错的孩子，这个扎实的素质基础，使她相较其他同龄人处事显得底气足，信心强。在后续成长过程中，不论是成绩排名的起伏，还是其他方面表现的优劣，她都能保持"空杯心态"坦然面对。胸怀目标初心不变，总能做到从"小处着手"。不像有些同学，一遇到挫折就要死要活，或者稍有"成功"就不知"天高地厚"。熊立铭的这份淡定与父亲叮嘱她的几句话有直接关系：第一是"锻炼好身体"，第二是"思想不要乱"，最后是"学习跟上就行"。小小年纪的熊立铭把爸爸的这几句话听进脑子里，落实到行动中。只是，这几句朴素的话，其他家长朋友未必认同。

熊立铭爸爸的三句话，非常简便实用，也与"身体好，思想好，学习好"的三好要求密切相关，其中的哲理值得细细品味。小学远不到玩命竞争的时候，稳一点、慢一点，养育好身心，为迎接未来漫长的人生马拉松做准备，最忌讳急于求成。希望广大家长朋友，把孩子的学习成绩与排名看淡一些，再看淡一些。相反，对身心健康一刻也大意不得。对小学生而言，才艺与体育上取得的进步，远比提高学习成绩难得多，付出的心血和汗水也更多。当然，由此带来的收获也更大，对人生的影响更深远。因为才艺与体育运动比单纯的学习，更需要吃苦耐劳的精神，更需要顽强的意志和毅力。所有这些都是未来从容迎战中、高考乃至人生各种挑战必备的品质。

当然，熊立铭小学阶段并没有完全回避学习竞争，只是做法比较高明，略显超脱，用她的话说就是"专注学习"，视学习为学生最该做的事。

"专注学习"就是专注于学习本身，这也需要空杯心态，既享受学习过程带来的快乐，也欣然接受学习过程遭遇的痛苦。就是把学习当成是一件纯粹的事，一件不论结果如何都要努力去做、必须去做的事。学习不是为了与别人一较高下，如同种庄稼是农民的天命一样，学习就是学生的本顺。这也是对她这个向来优秀的学生，为什么如此在意"小处着手"最生动的诠释，因此，她把上课要积极发言、坚持跑步等都列入"小处着手"的清单。因为若是以考上清华这样的高追求为目标，这些所谓的小事都非同小可，都必须做而且必须做好！

学习就是求得学问，学问就是有问有答，有质疑有追问，离不开师生互动，这是身为学生最该做的事。为了求得上乘学问，学生该做的就是不耻下问。孔子就是不耻下问的典范，《论语》就是师徒对话教学相长的成果集。素有知识助产师之称的苏格拉底说过这样一句话："真正高明的人，就是能够借助别人的智慧，来使自己不受蒙蔽的人。"而他本人就是知识与学问的催生者。他将"认识你自己"作为人生的座右铭，提升到哲学的高度。他认为，认识自己，先要承认自己的无知，只有认识到自己的无知，才能产生不断求知的欲望和冲动，并最终获得知识，这就是大学问家都能做到不耻下问的根本原因。而做到这些，也必须有空杯心态。

善于请教师长和同学，让成长更有力量。这也是熊立铭的切身感悟："我曾经向老师求助，但没有引起重视，我也就不了了之。现在回过去看，其实非常必要。历史没有假设，当时的我没有寻找到帮助，但我希望你们可以主动一点，寻求帮助。"

其实，被需要是一种幸福，为了教好学生，师者是不会介意被麻烦、被打扰的。而且，师生彼此交往密切，情感才可能加深。友谊就是在相互麻烦、彼此互动中形成的；师生感情就是在一问一答、一来一往中逐渐加深的。从熊立铭等众多优秀学子身上，不难发现，学生时代不善于与老师交流的，很少能在老师心目中留下印象。相反，课堂上积极发言，课后主动向老师请教的学生，才是学习的高手。而好问则是密切师生关系的最好"渠道"，更是获得好学问的有效途径。正因为如此，大学毕业至今，熊立铭一直认为：寻求帮助非常有用，好问更能助力学好。

如歌岁月中的"灯火阑珊"

归 巢

作者简介

归巢,清华大学工程物理系本科在读。获得清华大学强基计划 A+
认定。曾参与多项赛事并取得奖项,其中包括全国高中数学联赛浙江省
一等奖,中国东南地区数学奥林匹克一等奖。进入大学后,获得全国大
学生数学竞赛北京赛区一等奖、美国大学生数学建模 M(Meritorious
Winner)奖。

核心提示

对数学的一份热忱,让他从初三开始就走上了数学竞赛的道路,一
腔热血却很快被步入高中的十门学科和"双肩挑"策略所消磨,面对自
身的能力局限和来自各方的建议:自认为不够聪明,努力值大于天赋;各
个老师所持不同的建议,家长也拿不定主意;同学们早早做出各自的选
择,找到了自己的节奏……他最终选择看起来艰难的路——竞赛高考两
手抓。虽然一直稳扎稳打,但突逢家庭变故,导致高三最后一次机会依
旧没能冲出竞赛的重围,自我怀疑的懊恼情绪铺天盖地而来。幸好,在
亲友、师长的开解下,他学会把握自己的情绪,挖掘努力的意义,再次
全身心投入高考的备战中,追逐一份无悔的答卷。

"我要去厦门集训，学数学竞赛了！"初三下学期刚开学，我兴奋地打电话给父母，告诉他们，我被选上了学习数学竞赛。那时，一共有十六位同学被选中，都是在学校组织的提前学习高中数学阶段表现突出的学生。我也凭借较好的接受能力和细心扎实的学习习惯脱颖而出。对于我来说，数学代表着一切。我努力整理之前学过的高中知识，吸收老师讲解过的方法，刻苦学习集训时灌输的数学竞赛知识。

压力也是动力：竞赛和文化课

当我满怀豪情准备迎接更具挑战性的数学学习任务时，高中前的预科夏令营毫不留情地把我打回原形。在与同学一起进行小测验时，我依然会为了一道几何题而苦恼，对代数题束手无策，有时甚至还不如那些没有参加集训的同学。

这种情况一直持续到我参加了第一次全国高中数学联赛，尽管获得了二等奖，且在同届学生中名列前茅，但我依旧感到一种无力感，就像拿着极钝的镰刀割稻子般无处使力。我觉得，自己远不够聪明，面对新题或者需要巧妙想法和深思的难题时就会迷失方向，它们如同无法逾越的天堑，生生逼退了我的信心。这次看上去的"成功"不过是因为良好的习惯和记忆能力，加上运气——遇到了熟悉的几道同类型题。

"妈，我感觉数学竞赛好难，我不知道怎么学。"

"写不出来，这题没见过呀……"

"老师，遇到没见过的题该怎么下手？"

随着联赛刚刚结束，就在我困扰于自身竞赛能力的时候，学校开始安排我加入了高中各科的学习。面对十门学科的学习压力，当时身边的同学有的已经申请退出竞赛，一门心思开始专心学习文化课，有的同学更多投入在竞赛中同时也保持文化课的学习。而在接下来的日子里，高考文化课的学习带来了新的挑战，时间似乎永远不够用，作业排山倒海般涌来，每一门学科都要求我投入更多的时间和精力。于是，该如何抉择成了我面临的难题：到底是专心投入文化课的学习，为高考做充分准备；还是分心去准备数学竞赛，以求保持竞赛水平？迷惘、不知所措、机械地完成练习，这种压力和被动的学习让我陷入了矛盾和苦恼。

在学校老师和同学的不同建议下，我感到很困惑。有的老师认为我细致、基础扎实，建议我放弃竞赛，专心学习文化课，这样更有可能取得好成绩；而有的同学则建议我坚持参加竞赛，因为数学竞赛能够锻炼我的逻辑思维和解决问题的能力，对长远发展也有好处。家里人并不太了解两者的关系，让我自己决定，只是给予我支持。

这种两难的境地让我思索良久，开学时校长对我们说的话突然萦绕在我的脑海中。既然天道酬勤，那么努力才是破局的关键。无论哪种选择，导向哪种结果，只要努力过，那么就尊重并且接受最后的定局。而我内心既不想放弃自己热爱的数学竞赛，也不想落下文化课的学习。坚信天道酬勤，所以咬咬牙的工夫，我选择了最辛苦的路——竞赛文化课两手抓。如今回想起来，我依旧会庆幸当时没有放弃，庆幸自己没有逃避压力，庆幸坚持了心中所爱。

固然，这种选择让我面对压力，但压力亦是动力。当做出了选择时，你会有一种掌控了自主权的感觉，于是便会不断前进。在这个过程中，我逐渐发觉压力不是负担，而是激励，是奋斗的动力。这种"压力也是动力"的认知，让我坚持走在自己选择的路上。我理解了压力是成长的催化剂，是梦想的加速器；压力也激发我更加努力学习，更加专注追求。最终，我体验到了在双向压力下的成长与进步。

因此，往后的经历中，我总是会去尝试挑战自己的极限，在可以试错的时光里，多给自己一点儿压力，去留下一个于自己而言的奇迹。当然，如何抉择都要从实际出发，不能脱离自身的情况，否则压力或许招致的是遗憾和崩溃。

成为节奏大师：时间管理的背后

高中要学习十门学科，一天只有三节自习时间，再加上每天密集的数学竞赛学习，时间对我来说成了最珍贵的资源。我时刻感到时间紧迫，渴望一天有四十八小时。学业、竞赛、作业、复习、预习，这些任务交织在一起，每一分钟都显得无比珍贵。时间的稀缺也是我决定双管齐下学习竞赛和文化课的最大挑战。

很快，我发现自己被作业紧紧拖住。要完成语文作业，紧接着是英语作业，英语结束后又得投入物理，然后又要转向历史。作业成了无尽的循环，时间仿佛被无情地挤压，根本无法顾及充足的预习和复习时间。除了参与数学竞赛的时间，我感觉自己像一个机器人，不停地徘徊在作业的海洋中，挣扎着寻找属于自己的学习步调。

每天，我都在与时间赛跑，不停地调整学习计划，力图找到最高效的方式。有时候，晚上熄灯后，我还会用手电筒或是小台灯继续苦战，生怕时间的流逝会让我落下。为了晚上挑灯学习又不影响室友，我会在被子里学习，但每过一会儿我就会因为闷热得无法忍受而掀开被子透口气，再投入学习中。后来，我特地让父母给我换了不透光的蚊帐，这样就可以不用闷在被子里学习了。但是，这种牺牲晚上睡眠时间的策略是违背健康作息的，自然就会感觉到身体的抗议。

"你没休息好吗？"老师严厉的声音在我耳边响起，他勾起的手指用力地在我桌上敲了三下。我猛地一惊，强行让自己劳累的眼睛睁得更大些，睡眠质量的下降让白天的我打不起精神。课后，班主任的批评让我意识到了不合理的作息只会让效率更低，看似利用了更多的时间，其实得不偿失。关键并不是时间的多少，而是利用的好坏，换言之，学习效率才是让时间"变多"的支点。所谓的时间太长或者太短都只是个人的感觉，时间的长短取决于我们用它干了些什么。

我开始尝试制订学习计划，把计划精确到了每个课间需要完成什么任务、早餐前午饭后要读什么等，可谓精细到了每分每秒。如果说没有计划而盲目、机械地完成练习是被线牵着的木偶人的话，在这种计划下的那段时间里，我充其量就好比有了规程的、流水线上的螺丝钉。我依旧记得那是一个下雨天，下午上完课，我按照计划拿出要完成的练习，又想起白天没有完成的任务，一种烦躁、崩溃的情绪席卷了麻木的脑子，随即一种对自己的失望让我失魂落魄地打电话给母亲。幸而，母亲体察到了我的状态，细心地开解我，指出我需要给自己一些"留白"、一些自主性的空间。

从分秒必争转变为抓大放小，这个过程让我开始真正体验高中生活。何谓"抓大放小"地规划时间？这指的是不必追求时间规划的精细，而是给一大片时间安排好任务。比如规划明天上午要完成语文的复习整理，下午得完成物理作业，至于什么时间完成，需要看具体情况。这样就充分地落实了学习任务而又留下了自主性。自然，我会有一种担心，担心自己没有充分利用时间。我当时想了一个办法——自省，我给自己定的标准是：回想这段时间的成长，我会觉得学习节奏很舒适，且我没有虚度时间。不妨抽出睡前的几分钟，回忆一天的收获，回想一天中的"小确幸"，这让我对自己的高中生活不断地提升满足感。于是，凭借这样的时间安排和自我划定的标准，我逐渐形成了自己的学习节奏，不管处在哪个学习阶段，我都坚持着这种节奏。

回忆这段寻找学习节奏的时光，还是会感谢母亲以爱之名让我回到正轨。每个人都有适合自己的学习节奏，而在这个向内探索的过程中，与外界的沟通是必不可少的。因为一个人在自己的节奏中按照规划行事时，大脑会持续处于慢速运转状态，如果这种单调的无变化的状态长期存在的话，我们的行为也会随之局限于无意识的条件反射，而不会意识到自己面临的问题。当局者迷，旁观者清，所以多与旁人沟通吧。

另外，成为"节奏大师"，掌控自己的学习并不是压榨自己，时间管理也并不是枷锁捆住你的生活。真正的时间管理应该是享受时间的。就像我给自己的标准里会反思我的学习安排是否舒适，可以让我一直保持精神高效的前行，这很重要。如果你想和同学一起去球场来场热血的比赛，那就找一个下午去吧；如果你想有一个惬意的午休，那就回宿舍小憩一会儿吧；如果你想在微风里放空一下大脑，那就在这个课间去走廊看看远处的风景吧！蛮干只会使我们筋疲力尽，并不会给我们带来学业上的进步与生活中的幸福感，我们应该做的是持之以恒地借助时间管理的智慧，找到学习和生活的平衡点。

聚焦自己：掌控情绪价值

有句话是这样说的：谁的青春不迷茫？作为高中生，谁都会面临负面情绪的困扰，我也不例外，其中打击最大的一次莫过于竞赛的最终失利。那年高三，最后一次全国高中数学联赛结束，我复完卷发现分数还差一点，恐与省队失之交臂，陷入了沉重的失落和迷茫之中。一直以来，我将数学竞赛视作自己的一项追求，投入了大量的心血和时间。不怕相差尚远，就怕可望而不可即，这次失利让我开始质疑自己的选择和努力。

在竞赛失利后的那段时间里，负面情绪笼罩着我，让我陷入了迷茫，我感受到了挫折和困惑，觉得自己走入了一条死胡同，不知道应该怎样走出来。我知道自己应该振作起来，但那种无法描述的失落，嘴上可能不在意，心里却难过得不行。对于这种内化不了的情绪，我选择了寻求帮助，一有时间就跑进办公室待在班主任身边，但是自尊心作祟让我找各种借口而不说真正的问题。

"你还是很在意，你的高中还没结束，但过去已成定局。"班主任敏感地察觉了我的小心思，点出了我内心对竞赛的在意。她引导我审视自己当下的情况，总结过去两年的收获，以更积极的态度面对接下来的挑战——高考。

诚然，竞赛真的一无所获吗？并不是的，起码它让我的数学不必花太多时间和心思，同时竞赛的经历让我更能适应压力，学会了如何应对赛场上的紧张与竞争，这些都是宝贵的财富。竞赛的失利并不代表我对数学的热爱和努力是徒劳无功的，它反而教会了我接受失败、成长于失败。值得一提的是，如今我依旧会怀念竞赛的那段岁月，那段和伙伴一起奋斗的时光，它让我总是可以相信自己，相信没有不可逾越的困难。

同时，接受这个遗憾，接受这个"不算成功"但让我更加明确自己的方向，不再盲目地追求某个名额或荣誉，而是注重知识的深度和广度，以及学科内的乐趣和意义，更加地聚焦在自己的成长上。数学竞赛只是我人生路上的一站，而高考则是我前进的下一站。通过这次失利，我更清楚自己需要集中精力备战高考，它是决定未来的关键。慢慢地，我学会了释放那段失利带来的消极情绪，接受了这个事实，并将其视作成长的一部分。我不再让这段经历成为自己背负的负担，而是转化为前行的动力。每一次的挫折都是一次人生的洗礼，让我更加成熟、更加坚强。

它带给我的经验是，明确自己的目标，是明确那个聚焦自己的目标。无论竞赛，还是平常的月考、期末考，我将每个经历、每次考试都视为一次进步的机会，每一次失利都是一次积累经验的机会，在接下来的复习中，更加注重做题技巧、强化对知识的灵活运用、去解决发现的问题。分数从来不是考试的重点，一切都是为了最后的高考，通过考试学到的、反映出的才是最重要的，这就是把目标聚焦在自己的成长上，而不是那个白底红字的一个数。

在这个过程中，我学会了与自己和解，找到情绪的出口，不让负面情绪困扰自己。因为无论开心、失落，情绪只是给自己的一个反馈，把这些情绪内化成对自己的反思，或是与身边的人分享内心的感受，都是提升情绪价值的方式。也庆幸自己没有放弃、没有停下脚步，在失利中找到了无畏风雨的情绪价值，它并没有击垮我，反而让我变得更加坚强。这段经历不仅让我学到了如何面对失败，更让我懂得了自己真正的追求是什么，懂得了在人生路上需要不断调整自己的方向和心态。

"所谓高考，考验的是我未来继续高等学习的能力，是一次考验，也将面临人生的抉择，所以只要我努力过、拼搏过，所有的结果就都是应得的。"

"聚焦自己"这个想法，让我重新思考高考于自己的意义：高考终究只是人生中的一个节点，不论结果如何，无论未来走向何方，高考都是一段值得回忆的峥嵘岁月，所有的奋斗、努力都会在未来时刻提醒你，你可以做到，相信这段风雨的收获终会应验。每个人的青春都会有迷茫，但正是这些迷茫，让我们学会了成长，学会了面对人生的种种。我愿用这段经历来告诉自己和可能迷惘的朋友们：不要害怕迷茫，迷茫是成长的起点，接受它，你会变得更强大；聚焦在自己身上，优秀的炼成没有一帆风顺，但成长永不停歇。

学会沟通与理解：原生家庭的力量

最后，我要感谢始终支持我的后盾——我的父母，我的原生家庭。其实，我父母总是不善言辞，让人体察不到他们深沉的爱与关心，但在一些细节上，这些爱就如水流一般涓涓不断。

情绪可以通过倾诉向外排遣，但同学、老师并不是我们的"情绪收纳袋"，不要一味输出自己的情绪，造成别人的困扰。父母会无条件接受你的一切：关键在于沟通。刚上高中的时候，学校不再向家长传达我们的表现，母亲就希望我能主动告诉她我在学校里的情况。但因为一些原生家庭的问题，我并不太乐意。就比如说，一个母亲总是严苛要求孩子表现得符合她心意，以孩子的成长为自己的脸面时，就会给孩子咄咄逼人的感觉，并且把孩子越推越远。母亲在我小时也对我抱有这样的期待，虽然我依旧亲近她，但难免给我一种"母亲爱的是我的分数而不是我"的感觉。

"你为什么都不愿意和我说呢？"终于有一次，母亲在电话那头出现了哭腔。我嗡的一声，大脑出现了空白。我慌了神，不知道怎么解释，当时也没有想明白其中的缘由。直至我面临着文化课、竞赛双重压力的选择和迷茫时，我才发觉，母亲是我的依靠。我解释了之前若即若离的疏远，倾诉我的问题，说出了自己对母亲过分期待的不太舒服。那次沟通彻底改变了我们母子之间的关系，母亲变得更像朋友，会无条件支持我、给我提供建议，我也有了一个可以商量的、无话不说的朋友。从此，我慢慢学会了如何在家庭中沟通，如何表达自己的想法和需求。每当遇到困惑时，我能够和父母分享，向他们寻求建议。父母不仅是我们人生的引路人，也是我们心灵的寄托。他们总是以开放的心态倾听我们诉说，给予建设性的意见。这种沟通让我更加明确自己的方向，也感到了家庭的温暖和信任。

但是，就在高二升高三的备战竞赛的最后关头，一个噩耗降临——母亲病倒了。这消息如晴天霹雳，一下子搅乱了当时正全力准备数学竞赛的我。所幸，因为相互扶持、彼此信任的家庭氛围，父母让我安心学习，没有让我过多地受到影响，只是时时牵挂。

虽然我不觉得自己的原生家庭是多么完美幸福，但是曾看过这样一句话：一个真正成熟的人，不会一味指责父母早年对自己的伤害，而会把他们放回各自的原生家庭中去理解，并与自己内在的执念和解。我的家庭虽然不是最完美的，但至少是完整的、充满爱的，尽管有时候，彼此表达情感的方式或不妥当，或不直接。但沟通和交流，本身就是意义；思考、冷静则是前提，我在和家人们达成一个又一个的共识，这就是我的家庭，承载着我的过去、现在和未来，它平淡而温暖、简单又复杂。它在我的高中生活中，让我始终有一个退路，让我时时记得我永远不是一个人。

高中结束以后，我总是感慨，再没有一段时光可以如高中一般纯粹，只注重于自身的学业，可以和周围的同学一同努力，相互帮扶。他们很容易就成为我们的知己和支持者，在共同的成长过程中，一起走过难忘的岁月。

高中时光，是人生中一段承载着梦想、奋斗与成长的重要时期，这里既是知识的积累之地，也是情感和人格的塑造之所。祝每个同学都可以遵从自己的本心，谱写属于自己的独特故事。

阅读参考

和谐的亲子关系是制胜的关键

如果将学习比作"战场"，那么，每一个学子从来都不是一个人在战斗，而是一个个家庭齐上阵。归巢正是在独自经历竞赛挫折时被母亲的哭泣与质问惊醒：原来"母亲爱的并不是我的分数而是我"，家人就是他拼搏路上最大的依靠。因此，一个家庭的亲子关系是否和睦，家庭教育是否得当，对中学生的学业好坏至关重要。这也是归巢制胜的经验之谈。

现实中我们常常听说孩子上学引发的各种各样的家庭矛盾，尤其围绕中高考更是问题的高发期。曾有专家在一所中学针对高三一千多名学生的随机调查中发现，他们给父母打分低得可怜，不及格占比35%；而他们最想对父母说的话则是"闭上嘴！""别念叨了"，如此才是对高考最好的助力。这从一个侧面说明了亲子关系对高中生的学习有重要影响。

亲子关系不好就会导致父母与子女间一系列的不快和冷战：相互猜忌、缺乏信任、关系冷淡、彼此误解。具体到孩子身上，表现为：在家不说话，闷在屋子里不见人；上课时爱讲话，与老师顶撞，放学后上网吧等。强烈的反抗表现为父母说向东他偏向西，专门对着干。软性的反抗则可能导致抑郁、焦虑、厌学、拖延症等。当家庭生活都拧巴了，怎么可能有好的学习状态和成效呢？

分析来看，期望过高与盲目攀比是导致亲子关系紧张的两大原罪。中国青年报社会调查中心联合问卷网，曾经对1863名家长进行过一项调查，数据显示，68.8%的受访家长表示对孩子有很高期待，57.7%的受访家长坦言会羡慕别人家孩子优秀。

北京师范大学一位学生回忆说，从高中开始，父母对她每次的考试成绩十分敏感，要求越来越高。"我能明显地感觉到妈妈的紧张。她会有意无意地跟我说希望我考上哪所大学，或者跟我念叨哪个亲戚在哪里工作"，拿别人家的孩子激将，或者是发出暗示：要达到这样的目标，就要考取理想的大学，必须不断提高考试成绩。好在这位同学对妈妈的期望和激将反应并不激烈，没有造成母女冲突。她坦言很不喜欢妈妈这样做，因为每次妈妈念叨，她就压力陡增反生恐惧，结果越恐惧心里越紧张，越紧张越考不好。

现实生活中这样的期望和攀比不可避免的时候，中学生就需要学会坦然面对它。不仅如此，还要学会以更积极的心态调整自己、改变自己，与父母平等对话，相互倾听，在换位思考中理解、信任对方。比如，一声道歉，一个笑话，一次心平气和的谈话……当长大的孩子给予父母足够的尊重与信任，父母自然会回以理解与爱。

如此，和谐的亲子关系，和睦的家庭氛围，才能成为中学生坚实的后盾，更是孩子拼搏进取路上制胜的关键一环。

突破自我设限　逆袭悄然而至

吴望榆

作者简介

吴望榆，清华大学工程物理系本科毕业，清华大学教育研究院硕士在读。高中毕业于湖北某重点中学，获得清华大学"领军计划"加分。在高中入学的第一次期中考试中获得全班倒数第二名，但在一年后获得全班第一名，从此蜕变成功。曾多次参加中学的学法交流活动。

核心提示

小学初中阶段，他一直都是非常普通的学生，他身上没有哪里能看出有优秀学生的影子——硬说有的话，或许是他看起来"佛系"的样子和面对困难时的漫不经心。到了高中，他阴错阳差地去了一所省内乃至全国著名的重点中学，并在入学后的第一次期中考试中成为全班倒数第二名。因此，好像某一根弦被挑动了，他开始从时间、方法等各个方面入手改变自己；从老师、同学处寻求帮助，从自己的内心寻找目标。于是，他的成绩开始突飞猛进。后来，他也遇到了一些"努力解决不了的难题"以及"找不到学习目标的迷茫"，最终，他凭借攀登途中掌握的经验、孜孜不倦的态度和不断探索的精神，突破重围，圆梦清华。

在我眼里，我的高中三年都很精彩，但是最精彩的在高一。我是从一个县的一般学校考到省城著名高中的，因此，刚入学那会儿不免有些得意忘形，然而现实却给了我当头棒喝。

"我的名字不在上面"

我最得意忘形的是化学学科：在初中到高中的暑假里，我自认为已经学完了高一上学期的所有内容，因此对化学学科和化学老师都带着一些轻视：化学课？不听不听，我都会了。化学作业？抄抄答案吧，我没问题的。恰好我的化学老师是一个崇尚"无为而治"的老师，相信每个同学，于是我就一边被相信着，一边允许着自己的堕落。也有同学劝我好好学习，但是我充耳不闻——我都学过这些东西了，何必再重新学一遍呢？

极度的不认真必然会迎来惨痛的结果——通过考试的方式。当时的化学老师会以三周一次左右的频率进行考试，而我由于提前学过内容且基础确实不赖，在第一次考试中就取得了中等偏上的成绩——而我不以为意，没有好好学习就可以考出中等偏上的成绩，那我如果好好学习了岂不是稳稳第一？——如果故事继续这么发展，我想可能在第二次小测就发现自己考试水平很烂，然后开始认真学习了，但是我没有——好巧不巧，当时我的班上流行一种行为：每一个人都希望自己考试成绩很好或者能力很强，从而在和其他同学说话的时候享受一种只有自己感受到的强烈自尊感。而且所有的化学试卷来自教辅，这意味着我们可以背下答案然后轻松在考试中拿下高分。好高骛远喜欢出风头的我就是抄答案大军中的一员。在第二次小测及以后，我养成了"抄答案、得高分、出风头"的习惯，并且乐在其中，全然忘记我还只是个学生，还需要学习；

全然忘却我那本就不够牢实的基础已经越来越"弱不禁风"。

很快迎来第一次期中考，成绩出来后，我兴奋地在成绩单上从上往下寻找我的名字，第一个名字不是我，第二个名字不是我，这很正常，我学习得不够认真；前十个名字没有我，前二十个名字没有我，我开始担忧起来。当我的眼神在那张从上往下依次递增的成绩单上一直往下滑，我内心的慌张程度却一直往上涨：我只是不够认真而已，难道我的成绩就该很差吗？

一张排名表看完，没有发现我的名字。我一边迷惑一边高喊着"我的名字不在上面"，心里觉得我的成绩肯定不差，只是不小心被漏了而已。实际上，哪有这么巧刚好漏掉我，只是排名表有两张，而我的名字，在第二张排名表的倒数第二行，倒数第一行的同学生病缺考了，所以有三门科目的成绩是"0"。

犹如一颗子弹正中眉心，张扬的、爱出风头的、聒噪的我立马安静了下来。我仔细反思，自己为什么会考得这么烂？但是越想越觉得，考这么烂是理所应当：化学课从来不听，作业一直抄答案；生物老师天天念叨的笔记没有做；语文考试前仍不知道考试会考什么题型；数学、英语老师总在说的刷题打基础，而我却总是"明天再说"；学校给信息奥赛同学开放的机房，被我溜进去偷偷玩电脑……没有任何一条学习经历告诉我，我可以得到更高的成绩。相反，我从大脑中听到的声音是：如果你再这么下去，成绩只会更烂。

烂吧，烂吧，我每天生活都很开心，为什么非要减少自己玩的时间，仅为了可能提高一些成绩呢？——我原以为可以这么想，但是我发现这有点难。每每想到我现在的学习状态，想到万一高考还是这种成绩，总会觉得非常对不起自己的父母和初中老师——考到著名中学，高考就是这样的结果？会觉得自己的人生仿佛被束缚了——好不容易高中来到一个新的地方，难道大学或者以后就永远去不了更远的地方？一个个声音激励着我眺望远方，我的脚步也不自觉地开始朝着远方走去。

是的，就是从这次考试后，我开始认真学习了。我找了许多老师，询问学习的路径，想知道自己这样的水平要想提高需要付出多少时间、多少努力。可惜的是，老师们对着我满目错题的试卷，都是和我说"其实你很聪明，努把力可以上211，再认真点说不定可以考上985"。这种话对小时候的我来说算是鼓励，但是高中的我已经知道，这只是老师找不到我身上可以夸的优点而说的套话。没有老师帮我建立目标，我对未来的学校也不太了解，干脆就不定目标了，学习的目标变成了：我要努力学习，不管学成什么样子，我要全力以赴。如果我取得了很好的成绩，那我就成功了；如果我没有取得好成绩，这也许是我的上限，这段高中努力的时间也是我飞扬的、不后悔的青春，至少年龄大了后，我对身边的后辈讲故事时，敢说自己曾经努力过。

具体到学科的学习上，那段时间由于目标远大而基础薄弱，我利用初中政治学过的"共同富裕不是同时富裕"的思维类比，培养出我的学习方法"所有科目学好，不是同时学好"。我把重心放在了基础较好但是前期没有太认真的理化生三科上。物理由原本的爱学不学，开始整理经典题型；化学从完全不学，变成了认真做笔记，从头开始一点点学那些我自学过的内容；生物课在老师的鼓励下，使用了多种颜色的笔做好看的笔记（按照印象，我至少使用了六种颜色的笔）。当然，语数英的学习也没有落下，我开始按照老师的要求练字、刷题，踏实地完成学习任务——认真学习总是枯燥的，每天除了上课、吃饭、睡觉就是学习，没有太多和其他人聊天的时间，没有什么娱乐活动，我只会不想辜负自己地学习再学习，就这样熬到了期末，我在这半个学期里没有辜负自己，期末考试也没有辜负我，我成功地考到了班级35名，年级431名，一个足以"保211，冲985"的成绩。

"怕你永远停留在这里"

高一的那个寒假或许是我最难忘的寒假，虽然它只有二十天。在我考了班级 35 名后，班上放了电影《大鱼海棠》，我听到里面的主题歌歌词有一句"怕你飞远去，怕你离我而去，更怕你永远停留在这里"。我想，这不就是我吗？担心自己努力学习，远离了生活，但是更担心一直困在当下的生活中苟且，囿于舒适圈中无法自拔。后来我又看到一句"孩儿立志出乡关，学不成名誓不还"，我想，这不也是我吗？背井离乡到外地学习，每天只想着学习，就期盼着自己能真的学出名堂来。这两句话一直激励着我，告诉我"那些过去的人只是比我先走了一步，并不一定比我做得好"，让我相信"自己生来就是该做那些别人做不到的事的"。此时的我已经不满足于年级 400 多名，我想一直改变下去，一直提升下去，不管尽头在哪里。于是，这个寒假，当屋子外边烟花爆竹齐鸣时，屋子里的我做题做到手发冰；当亲戚朋友拜年相互贺喜时，我面无表情地想着回家继续学习。虽然学习效率不高，一个寒假只做完了两本数学的必刷题，平均每天不到十页题，但是我的心从此静下来不少，想来这对我后续的学习是一种铺垫。

每一个年级的下学期就是春季学习，我的高一下学期也是在春天。春天来了，种子发芽，苗芽开花，我的学习生活似乎在慢慢发芽、长出绿叶、开花。在 2017 年美丽的春光里，我带着已经静下来的心，开始攻克之前没有攻克的难题：语文和英语。语文老师说我缺少基础，缺少对生活的感知，恰好课程讲到了古代诗词鉴赏，我就慢下来感受诗词，在每天晚饭后专门去欣赏课外的诗词，感受古人眼里的美，看看古人眼中的月亮和我眼中的有什么不同；英语老师觉得我字丑单词量少，我就每天用英语写日记，并在写日记的时候练字——这个写日记的习惯坚持了两年，它不仅记录了我英语的书写从丑到好看的过程，也记录了我高中生活的点滴，它会是我一生的宝藏——同时，数理化生都在稳定地提高着。高一下学期的期中考试结束后听我的班主任说，当时每一个科目的老师都在夸我进步大，考试肯定能考好，只是我不知道——果然那次考试，我的成绩取得了很大的进步：我一如既往地从成绩单最下面往上找我的名字，倒数第一个名字不是我，倒数第二个名字不是我，这很正常，我认真学习了，很难是倒数；后十个名字没有我，后二十个名字没有我，我开始好奇起我的成绩来。当我的眼神在那张排名从上往下依次递增的成绩单上一直往上扫，我内心的喜悦程度也一直往上涨，却不希望自己的名字出现：我的名字，会在很上面吗？

找了许久没有找到我的名字，我索性从上往下寻找了。在成绩单的第八行，看到了我的名字：吴望榆——班级排名8——年级排名85。我看向每一科目的成绩，第一反应都是"还算正常"，但是当我看到总分，我的反应却是"我考得有这么好"？很快我想明白了，考得比较好，只是因为我没有出现失误，而失误的人多着呢，所以才把我的年级排名推到了前面。那次期中过后，我学习的态度没有发生什么转变，仍然是一边对语文英语两个薄弱科目下功夫，一边对数理化生四门科目稳步推进，弄明白每一个题目的得分点。期末考试仍旧稳定发挥，拿下年级49名，那时的我知道，我还会继续努力，我的旅途只是刚刚开始。

高一的暑假我虽然没有寒假时那么认真，但是也学习了不少。家里联了网，我会把手机交给父母，只有他们下班回来之后，我才能拿到——这样，每天的白天我就可以心无旁骛了——确实是我主动把手机交给父母的，不是他们逼着我的，最开始几天，我还想着只要自制力够，手机就影响不了我，后来我发现确实高估了自己的自控力，与其相信自己的大脑，不如不给自己"作恶"的机会，于是"手机祭天，法力无边"，暑假的每一天白天都能学到很多东西，晚上玩手机也玩得很愉快——虽然现在看来，当时的学习是很刻苦的，在暑假如此刻苦学习，没有什么社交，没有什么娱乐，如果是现在的我，也未必能做到，当时的我还是靠着心中的诗与远方支撑下来了。

功不唐捐　水到渠成

经过了一个暑假的学习后，我开始不满足于只是做题。我记得，语文老师说，只做题的人毕业后是一个"做题人"，而既读书又做题的人出去了，才能说自己是一个"读书人"，我深以为然。那个学期，由于我的成绩相对于高一已经得到了很大的提升，维持成绩在一个水准比提高成绩要轻松一些，于是我开始有时间读书。从一开始老师要求的两周一本书，到后来一周一本甚至一周两本。我从《草房子》看到《围城》，不论是心灵的洗涤还是生活的讽刺我都有所感悟；我从川端康成看到莫泊桑，散文和小说各有各的有趣。同时，我也参加了学校里的围棋社、辩论赛活动。虽然学习是第一位，但是我也不该当一个只会做题的人，即使埋没在题海中，也需要阳光的滋润，这才是大部分人该有的样子，而我前一年的过度刻苦比较可怕，或许只有受了刺激才能做到。

虽然课外活动丰富，高二上学期的学习我完全没有落下，刻苦的习惯也并没有因为活动的增加而倦怠。我在国庆假期，每天都给自己制订了学习计划，在学校组织社会实践时，也不忘带上作业一同前往。那段时间的数理化生都迎来了难点，我未曾放弃任何一个知识点，像过去那样，弄懂每一个知识点、每一个考点，保证自己会做每一道题。

如果高一上学期的期中考试是我印象最深的一次考试，那么高二上学期的期中考试后的一节晚自习，就是我印象最深的一节晚自习。期中考试安排在周五结束，周日的晚上一般试卷都批改完毕，同学们都在教室里自习，偶尔有大胆的人会跑到办公室里，找老师询问自己的考试成绩和排名。当时我在第四组靠窗的位置，我还记得，班上一位比较八卦和热心肠的同学，在我还在刷题的时候突然走过来，双手往我同桌的桌子上一撑，冷静地和我说："吴望榆，你年级第七名。"我心中窃喜，人却愣住了一下，回复道："这怎么可能呢？"她很快冷静而认真地说了句，"真的"，然后走开了。

我至今不知道该如何形容当时的心情，或许是心潮澎湃？或许是心如止水？但是不管怎么样，我心中的一块大石头算是落地了。我拿到了年级第七名，我过去一年所付出的努力没有白费，我成功了，我像《意林》里面的励志故事一样逆袭了，甚至比他们的逆袭故事还要逆袭——这一切，都显得不真实，却又实实在在地发生在了我的身上。

那天晚上和平时的晚上一样，我默默刷题，刷题之后写我的英语日记，写了日记回宿舍睡觉，和平时没有什么不同，唯一不同的是我在晚自习的课间去老师办公室，确认了我确实是年级第七名。但是就是这样一个普通的晚上，让我一直铭刻至今，或许《心灵奇旅》中，那位完成演奏的老师的心情也是如此：或许心潮澎湃，却又心如止水，和平时没有什么不一样。

往后，我高中的故事便不如这一年精彩。后来我的年级排名稳定在了 20 名左右，成功拿到了参加清华大学暑期学校的名额，和清华结下了很深的缘分，高三的成绩和心态略有波动，却也不影响最后的高考。高考的前一天下了大雨，我发烧了，但是我内心知道，经历了这一切的我即使考砸，也不会后悔，因为我有一段值得自己骄傲一辈子的努力经历，即使考砸，也比那个在当时选择堕落三年的我的成绩要好。

现在让我回想当时的学习经验，其实很难给出一份很好的总结。高中一定会有人学习起来比你更得心应手，但是探索学习方法的过程也是自我提升的过程。作为过来人，与其给出一个所谓高中的"秘籍"，我更希望大家珍惜高中的生活。在大学，虽然生活丰富多彩，但是我们也面临着无数的选择，很多时候会陷入一种更加迷茫、混乱的状态，而在高中，大家只需要做好一件事，就是学习；大家每天来到同一个教室，身边坐着相同的人，台上是相同的老师，这种环境，会给人非常强大的归属感，而在大学，身边的同学、老师人来人往，大家更少会为身边的人而驻足或投入感情，这注定了大学以后的每一个个体更加孤独。每每怀念起高中时光或者高考，我都会想起那段曾经逆袭的时光，我的同学和我的老师一起备战高考的场景。而大家正处于这段难忘的故事之中，希望大家珍惜好现在的每一分时光，珍惜当下。最后以一首我很喜欢的词作结：

> 白苎新袍入嫩凉。春蚕食叶响回廊。禹门已准桃花浪，月殿先收桂子香。
>
> 鹏北海，凤朝阳。又携书剑路茫茫。明年此日青云去，却笑人间举子忙。

阅读参考

绝处逢生的奥秘

人生路上，聪明的大脑有时也会打盹儿，再理智的人也难免遭遇挫折。那些在学业上实现逆袭的故事，往往都是聪明人觉醒之后努力的结果。吴望榆正是这样的人。尽管曾经走过低谷，但聪明的大脑总能在关键时刻抓住机会，哪怕是最后的机会，一旦抓住就会奋起努力，最终实现上名校的理想。

逆袭不是不可能，关键在于努力不努力。这是吴望榆的经验之谈。

2023 年诺贝尔化学奖得主蒙吉·巴文迪也有过成功逆袭的经历。他考入哈佛大学的第一次考试，就经历了一次学困生的感受——他"试着答完所有的题目，最后满分 100 分只拿到 20 分。那是全班最低分"。"我当时想：'上帝啊，我完蛋了，我在这儿做什么呢？'"显然，他意识到了问题的严重性，必须从头开始，下功夫好好复习考试。据说，这段经历差点摧垮他："我本可以认定这不适合我，但我喜欢我在做的事情，所以我学着作为一名学生获得成功。"他还说："挫折是研究的一部分，也是生活的一部分。应该不断尝试，做自己感兴趣的事。"考试排名垫底，坏处是让人颜面尽失；好处是可以令人警醒，催人奋进。无疑，蒙吉·巴文迪后来成功逆袭了，否则他不会对那次考试印象如此深刻，后来获奖的很可能也不是他。

就像吴望榆自述的那样，高一第一次期中考试，竟然仅仅排在因生病缺考三科的同学前面，这搁在任何一个有自尊心的学生身上，都会有刺痛的感觉："犹如一颗子弹正中眉心，张扬的、爱出风头的、聒噪的我立马安静了下来。"这次考试排名给了他响亮的当头棒喝："我要努力学习，不管学成什么样子，我要全力以赴。"

这样的经历，同河北优秀学子刘泽乾一样，高一成绩倒数，但他的名校梦一直未曾放弃，甚至把"励志成才，必夺清北"偷偷写在本子上，每次想偷懒或情绪低落时，就拿出来翻看一下，继而继续努力，心无旁骛一门心思投入学习。针对最弱学科英语，在听取老师建议后，他制订了详细的学习计划，硬性规定每天至少读英语一小时以上……最终，成绩稳步提升，以绝对高分如愿上了北大，书写了一名标准学困生成功逆袭的故事。

吴望榆和刘泽乾等高考逆袭者的经历告诉我们，没有什么不可以，"绝境"下也有涅槃重生的曙光！需要的只是紧要关头的觉醒，以及觉醒后的努力再努力！就像刘泽乾说的，你我的智商差别不大，差的只是学习方法、学习效率和投入的精力，我可以逆袭，你一定也可以，因为你并不差！

当然，吴望榆逆袭的经验中，还有语文的优势。他分析认为，很多学生语文学不好的根源，在于缺乏对生活的感悟，没有唤起内心情感的共鸣。造成这种现象的原因主要有两点：一是语文教学太过偏重知识和语法，以满足应试之需；二是学生生活与社交的圈子太狭窄，缺乏社情民意的感受和体验。

那些语文学得好的人，往往会不约而同地说出：让人感受五彩缤纷的语文，大多源于生活。吴望榆也是如此。

从生活中学语文，才能真切地揭示人性、反映生活，才能满足对生命的观照，生活的五彩缤纷总比作品上描述的要丰富得多。生活离不开语文，语文反过来丰盈我们的生活。"是语文这颗熠熠夺目的宝石把生活点缀得更美"，有了这样的认知，就激活了学语文的动力。领悟到生活的五彩缤纷，切实感受到语文之用，有什么理由不学好语文呢？

家庭生活也是学生感受语文的启蒙课堂，比如，他们与祖辈建立起的亲密关系——亲密关系给孩子带来的是正向、积极、乐观、幸福的体验，能唤醒孩子内心世界真、善、美的情感。校园也是如此，师生对话、校长致辞有没有人格感召力和语言感染力，直接影响学生的心理反应。一位德高望重的教育家兼校长的一篇好的演讲稿，传达给学生的是对生活对世界美好的感受……此外，学生多参加社区街道组织的活动，多参加义务劳动和公益服务都是很好的生活感悟。积累的生活素材、社会见闻和经验阅历越多，写起作文来就越会有神来之笔。

因此，走进生活才能更好地学习语文。只知道埋头于课本中的努力，可能并不能真正带来质的提升。健康的逆袭，不仅需要付出超常的努力，还要根植于精彩的生活。

准确定位　从长规划　超越自我

宋成越

作者简介

宋成越，清华人学数学科学系直博在读，高中毕业丁西北工业人学附属中学。获第三十二、三十三届全国高中数学联赛一等奖和第三十三届中国数学奥林匹克铜牌，获清华大学"领军计划"加分和北京大学生命科学冬令营加分。大学期间，获得清华大学文艺优秀奖学金。

核心提示

从迷茫不安到坚定不移，从按部就班到停课备赛，从落后进度到奋起直追，他的中学经历既普通又特别：初中时，他每次考试都稳居全校前几名，进入高中，在来自全省同样优秀的同学之间，只显得普普通通。面对这种落差，他找到了新的目标，坚定不移。高二时，他选择备考数学竞赛，其他同学按部就班地上课时，他在自习室努力备战，并最终在竞赛中取得好成绩。高三时，回到熟悉又陌生的教室，重新拿起许久未读而生疏的课本，他迎难而上，抓住重点、分别突破，通过有针对性的学习，在两三个月内奋起直追，重回年级前列，并稳稳保持状态，顺利考入清华。

早在初三上学期时，我就知道，自己会在西北工业大学附属中学度过接下来的高中三年。我的初中是该校在省内的一所民办分校，初中三年来时常听到老师们提起它，每次提起时都是十分仰慕、赞誉有加。由于在初三上学期的几次考试中名列年级前茅，我获得了本届第一批保送到本部读高中的名额。本以为应该顺风顺水的，却发现高中三年并非如此。

认识落差　从迷茫到坚定

水往低处流，人往高处走，这当然是一件好事。不过，对当时的我而言，本部只是一个空洞的、没什么实质印象的名字。我寒假时去那里参观过，却只记得每栋教学楼鲜艳的红色外墙，对于那里的老师和同学、氛围和学风，依然是一无所知。

就这样，怀着对未来的期待，以及一些不安和迷茫，我开始了高中生活。期待是因为来到了新环境，即将开启新生活；迷茫是因为这里作为全省最好的几所高中之一，既有很多已经在这里读了三年初中、早已习惯这里的节奏和氛围的同学，又有相当多来自全省其他地区、其他学校的同学，每个人都是套着无数的光环来到了这里——我的过往并没有什么可值得炫耀的。这里强者如云、竞争激烈，我不知道自己的水平比起他们，究竟如何。

在这个更大的舞台中，我学到的第一课就是学会面对落差：既是与自己的过往的落差，也是与其他人的落差。接受事实，是消除迷茫的最佳方式。

高中课程的难度高、节奏快，和初中相比是两套完全不同的学习模式，刚升入高中多少会有些不适应；每周都会有几次小考试，题量大、难度高，即便是我所在的重点班，大家平均也只有 70 多分而已。初中时的这类小测验，我基本能考到将近满分的水平，但升入高中后面对如此难度的题目，也只能接受事实：自己水平的确有限，所有题都会做的日子一去不复返了。

然而，正如先前所说，这所学校强者如云，即便题目再难，也总有同学能考出超高的成绩。数学是我初中时引以为傲的科目，有一次小考的题目格外难，我考到 80 分，在全班也是靠前的成绩，还为此得意了一整节课。不过，到了课间，听旁边人聊天就得知，隔壁班有个同学考了满分，甚至不计分的附加题也是全对——这里藏龙卧虎，可见一斑。

第一学期的期中考试，我的成绩排在年级将近 200 名。在重点班里，这个名次显得十分普通，与初中时次次前十、常常第一更是无法相比；但由于我已经设定了合理的心理预期，因此对这一成绩还能接受，并没有受到什么打击，甚至一蹶不振（班里有一些来自外地的同学却是如此）。

当然，接受落差并不意味着放弃上进。在我看来，这还远不是我努力的终点，还有余力向更高处迈进。第一，作为外地学生，刚进入高中时和本地学生的基础有一点差距是正常的，一时的差距可能只是初中时的积累不如人，而不是高中的学习成果不如人。第二，我尚未完全适应高中的学习节奏，排名之所以不高，主要是生物这一科考得太差。就第一点而言，我已经基本摆正了心态、接受了落差；而在第二点上，我在接下来的时间中寻求转变学习方法，并很快找到了适合自己的那一条路。如今看来，当时之所以有这样的差距，主要还是因为没能及时认识到高中学习和初中学习的不同，它们大概表现在两方面：

第一是节奏快、压力大。高中课程内容多、知识体系庞杂，需要更多的时间和精力去吸收理解。这也使得高中的知识密度更大、节奏更快，对学习效率和听讲效率的要求更高。像以前一样指望老师事无巨细地讲清每一个知识点，搞懂每一句话已经不可能；必须抓住重点、有所取舍。与此同时，作业量变大、作业题变难，很多时候甚至难以完成全部作业。

另外是考试方面，正如前边所言，题量大、难度高，大家分数普遍偏低，"所有题都会做的日子一去不复返了"。在高中阶段，一定要有放弃某些分数的意识，因为我们做不到面面俱到、多方兼得。最开始的几次小考，我就犯过这样的"战略性"错误，和一两道难题一直较劲，以至于后边的题目时间不够，写不完。

第二是对自主性要求更高。正如之前所提到的，高中课程变难、压力变大，这要求我们必须合理规划时间，确保每一项任务都能按时完成。同时还要学会设置优先级，将时间和精力投入最重要和最紧急的任务上，以提高效率和学习成果。在高中阶段的学习中，老师更多的只是负责引导、提供建议，实际走的每一步路还是要靠自己，具体方向也依赖于自己的选择。高中生活并不一定比初中更加辛苦，但却一定更考验学习方法和节奏，每个人有每个人的长处与劣势，需要结合自身实际进行针对性的安排。相反地，死记硬背在初中或许还可以，但在高中一定行不通。

我的自我分析和查漏补缺很快取得了成效。到期末考试时，我的各科成绩已经基本平衡，不再有特别不适应的弱势科目；进入下学期，随着我逐渐熟悉学习节奏，更是突飞猛进，在高一下学期期末考试甚至获得了年级前三。这一年来不断的进步，让我看到了自己的潜力与各种可能，于是，在高一结束以后，我下定决心，把清北作为自己接下来两年努力的目标。

看清眼前的路以后，我彻底摆脱了迷茫。当然，一时的好成绩算不得什么，更重要的是走好接下来的路。而当我进入高二时，这条路出现了分岔。

暂别高考　潜心竞赛

我在数学上有一些兴趣和天赋，从初中开始数学成绩就一直不错。高一在学校设置竞赛班时，我报名参加了数学竞赛，学习一年以后，高二上学期参加全国高中数学联赛，获得了一等奖。尽管获奖的运气成分不占少数，但这依然让我大受鼓舞；在这之前，我除了平常听听学校的竞赛课、自己做一点题以外，便没再给竞赛额外投入过太多精力。

我接下来便想到：如果接下来的一年中我认真准备，能否取得更高的成就？抱着这样的期待，我加入了对数学竞赛的投入力度，还参加了更多的培训课程。当高二上学期期末考试结束，即将放寒假时，班主任找我谈话，向我询问是否有认真备考数学竞赛的打算。我的答案当然是肯定的，在老师们的支持下，我做了决定，从4月份开始停课备考数学竞赛，每天去专门的竞赛自习室和其他备考竞赛的同学一起学习。从此，一种新的生活开始了。

其实，竞赛自习室里并不全是（但至少大部分是）认真备考、准备冲击好成绩的同学。有一些同学在此之前对竞赛的接触和认识都不多，要么是见到其他人停课备考，自己感到新奇，于是一同跟风停课复习，要么只是不想天天按部就班地在教室里上课，甚至找了个理由逃避高考而已。

这种做法当然是不可取的。但问题在于，自己是否也会是这样明明不适合走这条路，却仍要费心费神地做"假努力"的人呢？我也思考过这个问题，并给出了否定的答案。而我之所以确信自己并不是这样，有三点理由：

其一，竞赛和高中课内学习不应是非此即彼的关系，而是相辅相成的。一方面，尽管有些竞赛知识与高中课内内容无关，但也有很大一部分和高中学习内容有着紧密联系。竞赛从更高、更新颖的角度去分析它们，这对于加深课内理解也是大有帮助的。学习竞赛的过程，本身也是另一种层次的学习，在此之外，我不再需要给数学预留任何学习时间，可以随意分配给其他有需要的科目。

其二，从出发点而言，我参加学科竞赛不是为了逃避，恰恰是为了助力高考。清华、北大两校每年在陕西省录取两百多人，但这两所学校的录取分数线通常位于全省六七十名的水平。事实上，大部分进入清北的同学，除了在高考考场上的出色发挥外，还需要以竞赛成绩等作为敲门砖，通过自主招生（现"强基计划"）、暑期学校等方式获得加分。为了争取到这块敲门砖，我也应当在这方面加倍努力。

其三，钻研竞赛内容，本来就是学习能力强的证明，毕竟只有在课内知识学有余力的前提下，才可以去考虑更进一步。而且高一的经历也让我相信，我有迎难而上的能力，在竞赛结束后，能够把停课期间失去的进度赶回来，这也是我选择离开按部就班的课堂，做自己的事、投入备考的另一重底气。

但是，我也不能舍本逐末。我一直有着明确的自我定位，即高中三年的规划仍然以高考为主，竞赛成绩终究只是一块敲门砖，而不是全部。我虽然有能力更进一步，获得一个不错的奖项，但也仅此而已，我并没有进入国家集训队、直接保送清北的水平，更没有必要沿着这一条路走到底。毕竟，我选择学习数学竞赛，是因为我知道不能把鸡蛋装到"高考"的一个篮子里，那么自然也不该再把它们全部装到名叫"竞赛"的另一个篮子里去。

所以，在竞赛自习室里，我并非"两耳不闻高考事"，完全不接触课内学业，每周我仍会抽出一两天时间快速学习各科内容、跟上讲课进度，或者是偶尔做一做题，保持熟练度。那段时间里，我依然在参与平时的各种大考小考，成绩也还相对稳定。同时，我开始接触全国各地历年的高考真题，并逐渐走出舒适区，适应新的模式，这也为我高三回归课堂后奋起直追、快速进步打下了基础。就这样，直到暑假期间（7月底），我才全身心投入到竞赛的学习中。

事实也与我的预测基本吻合。在9月中旬的联赛中，我获得了省一等奖，并进入省队参加11月份的全国决赛，获得铜牌。由于水平有限，我在联赛中仅以压线成绩进入省队，最后在冬令营（即全国决赛）中的发挥也不佳。但无论如何，进入省队、参加全国决赛，这已经达到了我先前设定的阶段性目标，足以令我自己满意。

更重要的是，备战竞赛的历程，大大地增长了我的见识，也开阔了我的眼界。由于学科竞赛的特殊性，获奖的同学在高二上学期就会与各大院校的招生组签约，因此从高二开始，我就主动了解各大院校的招生政策和专业设置情况，这不仅令我对全国各高校的录取情况和学科底蕴有所了解，也为我在高考结束填报志愿时选择数学专业打下了基础。

另外，在联赛成绩公布以后，我还接连报名参加了清北两校的几次秋令营和冬令营，获得了来自北大的30分加分；但更重要的是，这几段经历使我对这两所历史悠久、声名远扬的高校及其各院系专业有了更进一步的认识。最终，在结合自身志趣并慎重考虑后，即便手握着来自北大的加分，我还是将目标锁定为清华大学，并在高三下学期时报名清华大学"领军计划"，最终同样获得了30分降分录取资格，不过这是后话了。

逆流而上　弯道超车

在一切尘埃落定以后，我回到了熟悉而陌生的教室，再一次拿起许久未读而变得生疏的各科书本，回归到了紧张的高考备战之中。此时已是 11 月份，第一轮复习早已结束，第二轮复习也进行大半。

看着周围紧张忙碌而有条不紊地复习着的其他同学，我的内心再一次升起了些许迷茫。尽管我相信自己很快就能调整状态，逆流而上，但当真正开始追赶进度，并在所难免地遇到一些困难的时候，会有些郁闷。毕竟重拾课本，开始复习，是比较痛苦的过程：一是知识日渐生疏，在听课、做题的过程中，会需要用到各种各样的知识点，当它们映入眼帘时，自己对这些东西依然有印象，也知道以前学过，即便当时可以运用自如，但如今看到它们，由于知识生疏而无从下手，需要恶补的东西实在太多；二是经过一两轮复习以后，节奏越来越快，老师不可能为了照顾某几位同学，而放慢已经规划好的复习进度，以至于我一时间无法适应这样的节奏。当时每两周就要进行一次模考，在学习内容遗忘大半，甚至未必比得过一年前的自己的状态下去参加考试，结果可想而知——果不其然，前几次模考中，我考出了高中三年以来最差的成绩。

事实已经如此，我必须想办法去解决。在经过短暂时间的迷茫以后，我重新审视自己的长处和不足，分析了自己的优势和短板：一方面，即便停课较久，但由于之前一直专心学习竞赛，我的数学基础比起停课前更加扎实，几乎不需要再投入时间复习。同时，自己停课前的课内成绩很不错，有足够的学习能力，只要补足基础、找回状态，就能快速进步。这些都是我自己的优势，需要好好加以利用。另一方面，客观现实摆在这里，我知识生疏且学习节奏偏慢，仍停留在高一、高二的状态，这些劣势使得我难以很好地融入大家的复习节奏中。想要追赶上去，我就必须自力更生，在两三个月内完成其他同学一学期的学习任务。

针对这样的现状，我制定了两条应对策略：

第一，保持冷静，放平心态，不急不躁。我告诉自己，学习不是一帆风顺的，逆水行舟，不进则退，既然之前在停课备考，没能完全投入课业学习，那么因此有一些小退步也是正常现象。这既不是能力问题，也不是态度问题，不必焦虑。正是保持着这种良好心态，即使前几次模考我成绩不佳，却依然没有感到急躁，甚至相对满意，因为那几次我的排名一直维持着不断进步、稳定上升的劲头。

第二，注重基础，抓紧侧重点、各个突破。我第一次参加模考的成绩很差，但它却十分宝贵，因为它反映了我的不足，为我指明了未来的复习方向：

语文：107分。我在语文方面的天赋比较一般，从没有考过120分以上。也就是说，这个成绩虽然不高，但对我而言提升空间也实在是有限。如果费尽工夫都只能提升10分，那不如将同等的努力投入其他科目上，或许更有成效。

数学：150分。虽然我从此往后的模考中没有再取得过满分，但基本一直稳定在140分往上，至多有一些莫名其妙的小错误。这当然不应该，不过它们都处于可控的范围内，也许某一次会在细节处丢掉一点分数，但保证同样的错误不会多犯，这就足够了。

英语：128分。比起以前的水平，这毫无疑问是小有退步的。但好在基础尚在，分数本身也不算低，在这样的前提下，稍微努力就能好转，它算不上真正的问题。

理综：223分。这是我目前面临最大的问题，由于知识量大、体系庞杂，理综的知识遗忘是最严重的，基础严重不稳。我在高一、高二时，物化生三门加起来（当时还没合卷，分开考）可以达到280分，学习能力是没有问题的，而且不比其他几门，它的提升空间巨大。

在这一番比较后，我决定以理综为突破口，将这一阶段的精力主要集中于这三门课的学习上。而为了迅速赶上进度，我必须采取非常手段。那段时间内，我几乎没在数学上再下功夫，语文和英语也是上课听讲、写完作业就点到为止，不再多作复习。有时如果作业量大，为了保证物化生复习，连这两门也只能稍稍"偷工减料"。这些节省下来的时间，被我加倍投入到了理综三科上。

现在来看，这是一件需要勇气的事情：明知自己基础不牢，还要如此冒险。但就像前边所言，高中学习讲究自主性，而我的这些决策，也都是在结合自身实际、理性分析当下状况的前提下所做出的。我很确定，如果还按部就班跟着课堂节奏走，只会掉进教条主义的陷阱，于事无补，由于节奏跟不上，只会越落越后。这样做并不是拆东墙补西墙，而是扬长避短。只有自己最了解自己，而我的选择也确实是在对自己负责。当我战胜理综，追平乃至超越当初的目标后，又通过类似的方式，将英语成绩追赶了回来。

就这样，当高三上学期结束、进入寒假时，我重回年级前列，甚至比起高一、高二还小有进步，实现了弯道超车。

时间飞逝，高三下学期来临了，高中三年也已接近尾声。到这一时刻，反而再没有什么学习技巧可言，一切能用的方法都已经用上，此时此刻能做的只剩下反复不断努力。这三四个月的时光，虽然是距今最近的，但我反而没什么印象，或许是因为日复一日，天天都在做着相似的事情，太过单调而没有什么印象深刻的事情发生，又或许是太过用功努力，察觉不到时光飞逝。当然，最后的几个月，虽然单调重复，仍有一些体会可以分享：

第一，放平心态。一次又一次的考试，难免有发挥失常的时候。发挥失常不可怕，可怕的是因为这一两次偶然事件就怀疑自己，这只会削弱自己的信心。为此沮丧是正常的，但不能让这种情绪束缚住自己。高三下学期的某一次模考，我发挥得非常差，以至于被班主任叫去办公室谈话了一番。在郁闷之余，我开始分析问题，发现一向弱势的文科成绩竟然不错，主要问题反而出在拿手的数学和理综上。那是一次跨省跨校联考，题目风格新颖，与我平日练习的题目截然不同；与此同时，由于前一阵子刷题太多，我形成了思维定式，导致有些题目明明不难，只是形式多变，跳出了我的舒适区，因而我在考场上没做出来。意识到这一点后，我及时调整方向，开始回归课本，尤其是那些往往在上课时被一两句话略过的应用案例。在这一过程中，我扎实基础、收获良多，终于在下一次考试中回归正常状态。可见，有问题不可怕，可怕的是明知有问题而不愿解决。

第二，克服焦虑。高三，尤其是高三下学期，竞争激烈、压力巨大；面对巨大的压力，产生焦虑紧张的情绪是在所难免的。然而，一定不能让这样的焦虑情绪压倒自己，要学会适应这种压力的存在，并尝试接受它成为生活中普普通通的一部分，而不是看成洪水猛兽。学校的模考不是高考，它的意义正是在于"模拟"，让你在不断的模拟中找到自己的节奏，并适应它，以至于到高考考场上也能从容应对，并不觉得有丝毫特殊，更不感到特别紧张。有的同学考试前一天晚上便开始吃不好、睡不着，第二天在考场上无精打采，发挥失常，进而下一次考试又开始焦虑，陷入恶性循环，这是万万要不得的。

第三，摆正态度。高考临近，意味着高考结束后，也是高中三年最长的暑假在临近。有的同学在考前比较久时还能静下心来做事情，但越到高考临近，反而越开始幻想起高考后的生活，进而沉不住气，开始懈怠起来。这也是要不得的，如果走到最后一步却开始松懈，既白白浪费了前期大量的沉淀成本，又会对考试状态造成重大影响。

就这样，我将高三上学期的良好状态基本延续了下来，直至高考。其实平心而论，我在高考考场上的发挥很一般，语文和英语成绩都不高，总分688，也并未达到录取分数线（696）。不过，靠着高一、高二的好成绩和学科竞赛铜牌，我在清华大学"领军计划"的初审中获得了"良好"评级，并在6月中旬举办的复试中顺利获得30分降分录取资格，最终录取至数理大类就读。

回首望去，从高一的克服落差，到高二的备战竞赛，再到高三的弯道超车，这三年的经历共同造就了我。如果我高一没能及时克服落差，或许也会像身边有些同学一样一蹶不振、泯然众人；如果我高二没有备战竞赛，仅凭那一点准备不可能冲进全国决赛，很难获得来自清北两校的加分；如果我高三没有制订计划、弯道超车，那本就赶不上进度的我更难以找回前两年的状态。总之，一切努力都是值得的。

我的高中三年，既普通又特别。对看到这篇文章的你而言，我的经历或许不容易复刻；但我想，每个人有每个人的生活，完全照搬另一个人的生活轨迹本就不可能。正如我前边反复强调的，高中学习需要自主性，只有适合自身实际的学习方法，才是最好的。

不过，人与人的经历或许不同，但学习的客观规律却彼此相通。纵观这三年，我将自己的学习方法总结为两点：一是找准自我定位，二是提高学习自主性。正因为这两点，我才能在高一时接受并逆转初入高中时的落差、在高二时从课业与竞赛之间找到平衡点、在高三时锚定物化生等科目的学习，奋起直追。

阅读参考

学段无缝衔接 为弯道超车"搭桥"

初高中的学习差异让很多人的发展呈现出巨大的差别。有的人初中成绩优异，可到了高中却掉队了；而有的人初中并不显眼，高中却来了个大翻身。这是为什么呢？从众多优秀学生案例中，我们不难发现：初高中学习衔接得好，则高中往往能实现逆袭，表现突出。

与小升初不同，初中升高中跨度大、门槛高。青少年从初中升入高中算得上人生学习阶段的一次重大转折，身心都要经历一次蜕变。如果不能实现平稳过渡，学习进阶无缝衔接，原本学业优秀者也可能跌跟头，从此一直走下坡路；身心调整过渡得好，则可能会沿着不断攀升的阳光大道一路向前，甚至也是很多学子弯道超车、实现华丽转身的机会。

因此，对大多数人来说，高中成为决定命运的关键时期，更需要学子从中考"后遗症"中迅速走出来，尽快实现平稳过渡。宋成越的成功，恰恰得益于此。

所谓"中考后遗症"，主要表现在两方面，一是中考成绩优异，考取了理想的高中名校。初入高中校门一副沾沾自喜扬扬得意的样子，不把任何人放在眼里，不再像中考时那样拼搏，反而开始懈怠。二是中考完败，没考上理想的高中，迟迟无法从沮丧和郁闷的情绪中走出来，觉得人生迷茫、前途暗淡，理想的大学目标更是遥不可及，从此一蹶不振，很难适应高中的生活。总之，人们常见的"高一不适现象"，包括思想懈怠、行为拖拉、找不到方向、成绩大幅滑坡、心理失落、人际关系紧张、异性交往困惑等，多少都与"中考后遗症"有关。

中考只是人生的小台阶，成绩再辉煌也不能小看高中、无视对手的资本。同理，中考成绩再不理想也不是放弃高中学业、自暴自弃的借口。

从宋成越的经验来看，平稳过渡，首先要对初高中差异有一个全面准确的认识：相较于初中，高中学业节奏、压力、难度更大，对学习自主性要求更高。因此，越早行动越有利于平稳过渡——暑期就开始行动：一是浏览高中教材，试一下高中知识的"水温"，找找感觉，为学业热身；二是游览高中校园，找高中学长聊天谈心，打探一下高中学习生活，做到心中有数。同时，着手研制高中学习生活计划，也即所谓的生涯规划。

高中学业对认知水平和学习能力的要求，与学生现有的水平和能力之间存在巨大落差。初中学业对抽象思维和逻辑思维水平要求相对较低，知识学习的门槛低、内容少、难度小，常见的教学节奏是"台阶多、步履小、走得慢"；高中学业抽象思维、逻辑思维乃至批判性思维是主要特征，其知识学习起点高、内容多、难度大、节奏快，属于"台阶少、步子大、走得快"。其中又以理科差异表现最为明显，难度骤升，容量加大，教学进度明显加快，成了掣肘很多学生高中学业的"拦路虎"，是大多数高中新生平稳过渡必须啃的"硬骨头"，对此，学子必须有全新的思路和应对策略。

同时也不能小瞧人文学科，比起初中，高中人文知识内容体系更庞杂，知识面更广，知识积累的总量加大，对知识间的横向联系和纵向延伸能力、思维的宽度与广度以及灵活性、与现实生活和社会问题的广泛联系等都是全新的，且要求更高。这些变化，都需要全方位应对和身心调适。

因此，只有主动出击积极作为，才能更好跨越。如果这个过程中尚有余力，可以多参加相关的竞赛，以提升自身的竞技状态。这也是宋成越的成长经验。

与小伙伴儿一起见证奇迹

肖涵兮

作者介绍

肖涵兮，清华大学日新书院中文系在读本科生。高中毕业了广东某重点中学。大学就读期间，获清华大学新生奖学金、唐仲英"德育"奖学金、李学勤出土文献奖。入选清华大学"饮水思源，服务社会"优秀学生培养计划第十二期和日新书院优秀学生骨干培养计划"弘毅计划"第三期。

核心提示

初入高中，他总是关注与别人的差距，日日内耗。为了相互帮助，他和同学成立了学习小组，但却被别人当作小团体。如何走出内耗？如何打破小团体诋毁？思维导图如何制作？各科有何"九阳神功"？让我们且看他的高中经历。

我知道，各位同学都有远大的抱负，都有着强劲的实力，正摩拳擦掌准备大干一场。我也知道，大家在平日的学习和考试中也会有焦虑，总希望自己变得更好。下面，我从四个方面对自己高中求学之路做一个回顾，希望能给各位同学带来一些帮助。

看清自己　风物长宜放眼量

回想起我在高中的求学经历，我曾经陷入了一个困境，总是关注别人的学习情况，特别是晚自习时，我总是想知道别人在做什么。当发现别人做作业的速度比我快时，我会很着急；当别人做的是我没做过的题目时，我也会很着急；当别人已经在复习或者预习，而我还在慢悠悠写作业，我更会着急！我不断感到自己与别人的差距，这给我带来了无尽的心理内耗和精神损伤。

于是，我开始积极与老师沟通，大胆而准确地表达出自己的困惑和心结。班主任老师跟我的谈话让我受益匪浅：他从更高的角度带我纵观整个高中学习阶段，让我明白自己的真正目标所在。高考路漫漫，不必过于计较路途中一城一池的得失，而更重要的是探索自己长效的进步路径。是啊，我需要长期来看总体的大进步，而不是一时谁作业快慢，谁这一时学得更多。

在同老师交流外，我也积极探索自己的个性化学习之路，给自己更多的选择。这个选择可进可退。比如说，我们对于概率应用大题已经烂熟于心，一眼过去，一道大题思路毕现，只剩下些纷繁复杂的重复计算，且此时我们有更多需要投入精力去进步的地方。那么我们不妨大胆选择放弃做这些题，聪明地"抄作业"，而投入其他方面。"退一步，进两步"，我相信各位同学也会做许多题，却感觉没什么进步。这便是解决之法。

除了"退"，我们也需要适时地"进"，主动出击，重点训练。比如说最近语文考试作文老跑题，这时候咱们就可以给自己"加道菜"，做一个作文审题专项练习。

我们刚刚谈了许多个性化学习的好处，其实我一开始用得很不好，原因在于没有真正"看清自己"。"看清自己"，抓好自己真正需要的，这是值得我们一辈子去练习的。仅就学习来看，我们可以从"错误"中看清自己。除了将错题做归纳外，可以再想一步：这些错误，背后是怎样的模块或哪方面能力不足呢？而找到这些后，下一步就是和实际学习任务关联起来。可以参考这一份对于考试错误的分析：

语文：129　年级排名：1

此次语文达成目标，但这归根于：①改卷标准宽松；②针对考试细目表进行了针对复习；③投机取巧完成默写；④有原来考过的题目。

问题：

①文言文文意概括选择及翻译；②诗歌鉴赏问答题。

诊断：

①文言文实词掌握少，且翻译时对关键字词一词多义表现不佳；②不理解诗歌内容，且对诗歌表现手法、常见人物形象、意象意境分析和答题话术的掌握很不好。

改进：

①记忆文言文实词，关注练习文言文的翻译，对于常见的文言文实词进行特别记忆；②收集不同题型的答案，统计分析并总结答题角度及常见话术，记忆表现手法、常见人物形象等；③整理现代文阅读答题角度。

应深刻认识到这次语文成绩实属侥幸，并不一定为真实实力，但我希望能在未来不远的日子，这样的成绩甚至超过这个成绩能成为一种常态。

这里的考试分析是按照"问题—诊断—方案"进行的。一开始，老师要求我们写考试分析，往往只是浅显地写写自己的错误。比如：这次语文考试，我在现代文阅读、论述类文本、诗歌、文言文、作文几方面不太行，那这段时间我要去多练阅读、多写作文、多做文言文。其实大家总觉得考试分析不太有用，就是因为不够细致。我在意识到这个问题后，不断探索更有效率、更适合自己的考试分析方法，最终发现"问题—诊断—方案"方式是最能深度探索自己的不足并精准改进的。通过这样的方式，我们也能够更好地看清自己，精进个性化学习。

希望大家可以在学习和生活中做真正的自己，不做他人的"影子"！

一个人或许走得更快　但一群人走得更远

不知道大家有没有这样的感受，自己在认真写作业或看书，别的同学忽然跑过来，叫喊两句"哇，好'卷'！""×××别'卷'了！"，久而久之自己有时也会去说别人。搞得学习仿佛成了一种原罪，当着别人面学习更是暗中形成一个较量场，带来精神内耗。

为了营造更好的学习氛围，我在高二和其他三名志同道合的同学组成了一个学习小组。在这个小组中，我们共同努力，追寻自己的目标。积极交流、优势互补、鼓励式学习等措施，使每天都充满新的精彩。我们共享资源，不断迭代优化学习方法，最大化学习效率。在这个过程中，我们取得了阶段性的成果，各科成绩都有所提升，每个人的学习习惯和方法也得到了持续的优化，我们的知识面更广了，斗志昂扬地迎接每一天。

然而，我们也遇到了一些问题。一个是组内竞争的困境，以及被班级同学指认为小团体。为了解决这些问题，我们想了很多办法。我们丰富了内联活动，周末放假一块去玩，一起吃个饭，一起看电影，尽可能减弱心理隔阂；我们也常常一块聊天，畅谈理想，明确我们是为理想而奋斗；我们也积极吸纳愿意与我们一起学习的好伙伴。通过团队的力量，我们共同克服了困难，一起决胜高考。最后小组四人也算是完成了自己的梦想：分别考入了清华大学、浙江大学、中国人民大学和深圳大学——而且我们现在仍是很好的伙伴。

在参加学习小组的过程中，我逐渐领悟到了团队的力量。我们不需要太多口号，只需要将自己投入一个恰如其分的集体中，做好眼前的事情，就会变得积极向上。通过将学习和学习者联系起来，将学习者纳入一个氛围良好的小组中，我们不仅理解了学习的意义和价值，也让大家的智慧在这里奔涌。于是乎，他律和自律在这里交织，各自优势也得到充分发挥。

温故而知其所以然

高中生活，一个很重要的部分就是复习。复习当然不只是考试前的冲刺，平日的复习更弥足珍贵。这里分三个部分来说明。

第一个，便是思维导图的应用。

在我接触思维导图之前，可以说每次复习时的大脑都是凌乱的。记了这个，忘了那个；记了一大堆，但是用的时候难以调动。像政治，考前复习政治，东背一个问题，西背一个问题，做大题的时候，看到"请用《经济生活》的知识回答下面问题"，我都不知道《经济生活》到底有哪些问题，只知道自己背了一大堆。又比如生物，这个学科素有"理科中的文科"之说，知识点非常细碎繁多，上完一课或一本书，一琢磨，好像又啥也想不起来。但当我熟练运用思维导图后，一种"轮盘大法"在我脑海中建构了起来。比如数学，思维导图采取从单元到知识小块，再到典型思维及方法的路径建构，当我们实际遇到一个问题时，脑海中轮盘一打开，快速定位此题的核心考点，带入轮盘一转，有哪些方法可以作参考便一目了然了。政治这个学科更是，大题往往是由多个小问题复合成的大问题，有了思维导图，我们便可以快速勾连起不同小问题使之搭建起来。这不是僵化的思维导图，反而能在思维的碰撞间迸发出新的灵感！

第二个，发现知识，创造规律。

我们先来看一个简单的因式分解：

已知 $x^2-x-1=0$，求 $\dfrac{x^4+2x+1}{x^5}$ 的值

分子：$x^2=x+1 \Rightarrow (x+1)^2+2x+1 \Rightarrow x^2+4x+2 \Rightarrow 5x+3$

分母：$x(x^2)^2=x(x+1)^2=x^3+2x^2+x=x(x+1)+2(x+1)+x$

$$=x^2+4x+2=5x+3$$

$\Rightarrow$ 原式 $=1$

这个因式分解其实不难，但我们还可以从中总结出规律：整体代换降次。这个因式分解中我们最难办的就是 x^4 和 x^5，即高次项难处理。这时，我们利用整体代换降次的规律，就可以把这些高次项很好地转化为更为熟悉的 x 和 x^2，然后再进行约分等操作。有些同学可能会觉得：那这种东西有什么用呢？非也非也！咱们把它记下来，解决其他问题。

证明 $f(x)=\dfrac{1}{3}x^3-a(x^2+x+1)$ 只有一个零点

$$\left\{\begin{array}{l} \triangle<0 \quad f(x)\uparrow \\ \triangle>0 \Rightarrow f(x_1)f(x_2)>0 \end{array}\right.$$

$$f'(x_1)=x_1^2-2ax_1-a=0 \Rightarrow x_1^2=2ax_1+a$$

$$f(x_1)=\frac{1}{3}x_1^3-a(x_1^2+x_1+1)=-\frac{2}{3}a(a+1)x_1-\left(\frac{a^2}{3}+a\right)$$

当我们遇到这样一个非常困难的导数零点问题，通过求导后发现需要证明$f(x_1)f(x_2)>0$。如果我们直接"硬算"，那么你会发现式子会出现x^6、x^5等我们难以处理的项。这是不是和上面因式分解例子的情况有些相像呢？我们将导函数等于0的式子变换一下，就可以把x^2转化为x实现降次，再带回原式中，即实现了将$f(x)$转变为一个一次函数！这样相乘大于0就是我们很容易可以证明的了。

不只是数学，各科都有蕴藏在学习中的丰富规律。比如语文，作文有时偏题，我们可以听听老师讲解时对特定语句的理解，将这样易错的语句理解集合一下，探得作文题理解的本质；再说说历史，很多同学一开始会觉得历史选择题有点"玄学"，但其实这是不熟悉史学推导和史料导向的结果，我们可以通过总结选择题题干正确导向，归纳下来，形成一种历史的习惯，这也是弥足珍贵的规律。当然最重要的，宛如天才的灵光一闪需要你的笔记！

第三个，是从错题本到错题点本。我相信每位同学都或多或少有过错题记录的经历，一般错题的记录方式：把题目抄下来，再把正确答案用另一种颜色写在上面。久而久之，错题积累得很多，自己的成就感也满满。但是，这样的方法往往耗时巨大，且在真正考试前只能看很小一部分，利用效率低。我高一、高二一直是用这样的方式，但到了高三，时间更紧张了，这样的方式到了"改革"的关口。这时候，我上一届的清华学姐回来宣讲自己的学习经验，当她讲到"错题点本"这个方法时，我突然发现这就是我要寻找的方法呀。

通过错题点本的方式，我们仅将一道题的错误点摘录下来，大大节省了抄题时间，而且也帮助我们二次思考，找到一道题的关键点。这样，不仅可以大大提升我们做错题的意愿，更大大提高了我们考前复习的效率。这样一个错题本，三百道错题只需要十五页即可完成，平时都可以随时拿出来复习，这才是错题本的正确打开方式！

科科有本《九阳真经》

在高中三年的学习中，我不断迭代自己的学习方法，力求提高学习效率和质量，也最终帮助自己考上清华大学，实现梦想。那么今天我就把自己一些压箱底的学习方法分享给大家！不过在这里还需要做几点提醒：各位同学应当注意的是，不要让自己的脑袋成为他人思维的跑马场。我的学习方法得到了验证，有可取之处，但并不一定适合每一位同学。我们在听方法的时候，要不断思考：这些对我来说是否可行？可行则取之，不行则弃之，希望同学们都能找到属于自己的最好的学习方法。

先说语文。最重要的是要做语文课上的"思考者"。同学们做过语文预习作业吗？我想应该是有的。不过很多同学仅仅只是给文章标上自然段，或是给难字注音——这样的预习没有实际用处。我那时候采取了我自命名为"整体预习"的方法，当然也是在探索中改进的：开学前对语文课本每一单元的主题有一定了解，而到了课前预习时则带着主题厘清文章整体框架，并不断询问自己"为什么是这样"——这就是上课时要重点听的内容。不断引起自己的思考，这才是预习的意义。据我的观察，大家其实很难在语文课上保持长时间的专注进行听讲，不过确实长时间认真专注很容易导致大脑溜号，变成老师的留声机，那么我们就需要抓住关键内容仔细听。还记得预习成果吗？根据我们整体预习的成果，重点听讲自己无法回答或回答不好的"为什么",这样做感触深、记得牢!比如朱自清的《荷塘月色》,他在1927年的清华园水木清华夜间踱步,他为何这样"不宁静"?细致描写荷塘夜景有何隐喻?这也许就是我们需要去认真听讲的内容。

数学学习,我想强调的是,疯狂刷题未必行。想想,我们是不是很多时候都在写一些极其耗时间,但思路一眼看穿的题目呢?很多同学不管不顾,照单全收。又由于知道作业繁多,只得快速毛躁而机械地完成,训练效果反倒不佳。这个时候,合理选择就是关键一招,"抄"出好成绩:在思路相同的众多题中挑选一道或几道具有代表性的问题扎扎实实做。我们一定要记住:数学是解题思路与数学思维的体操,重要的是想明白解题思路,并构建系统解题方法。

英语学习中,写作挑战不小。同学们经常遇到这样的情况,写作练习总出现令英语老师哭笑不得的"Chinglish"。其实可怕的不是我们写出"Chinglish",可怕的是我们写出"Chinglish"而不自知,有时还会同英语老师理论一番。对于我们来说,无论是将英语作为一种交际工具,还是作为考试科目,都是很不利的。在平日阅读中积累语感:平时做的阅读题或是阅读的英文资料,都是极好的积累素材的地方。合理利用网络资源:地道的英语当然要从语料库中来,像Linggle网站就可以查询到你的表达在整个语料库中的占比。还有Ludwig软件,它可以帮助你查询一个词、词组、句子在各种语料中的应用场景。要地道表达,但不要刻意追求"高级表达":许多同学会去追求比较小众的表达方式以得到老师的青睐,其实有时过分追求反而东施效颦。我们选择的是合适的、地道的表达方式。

历史学习,要从有趣的故事中,思考本质和规律。我在许多学校听过历史课,自己也上了几年的历史课,发现一个有趣的现象:大家要么是当乐子人,像听书一样看待这些历史事件的发生;要么是许多同学埋头做自己的事情,而真正认真思考历史本身的同学,却很少。历史重思维：其实高中历史的许多框架性内容我们初中时期已经学过了，此时对我们来说重要的已经不是发生了什么，而是问自己"为什么是这样？"，我们可以尝试去回答，诸如政治、经济、文化这些，再结合老师补充的史料思考。不断磨炼，你会有新发现！

政治学习，面临的主要难题是：做大题无法明确信息范围。政治大题越来越灵活，考查面越来越宽广。题干中往往是"请用《经济生活》的知识""请用《政治生活》的知识"来回答下列问题……有多少同学在看到题干的时候，已经不能确定自己手里的牌有多少了？而如果我们提前做好了每一部分的思维导图，我们就知道自己有哪些可以去写，有哪些是可以去选择的。当然，政治学习永远不会止步于课本。目前的考查内容是相当灵活的，是紧随时代脚步的。在我高中学习的时候，"供给侧结构性改革""服务型政府""国内国外双循环"都是时政热语，也是政治大题常常会涉及的。时代的发展日新月异，每一个时代都有自己的时政热语，这就要求同学们要与时俱进，多多关注时政热语，看看新华社、《人民日报》等官媒是怎样评述某一事件、某一政策的，而且要将这些内容整理下来。对此，我们可以根据《经济生活》《政治生活》《文化生活》《哲学生活》分类整理，通过这样的方式，将课本知识与时政热点有机结合，对一个问题的思考也就可以更加全面和深刻，也能更加贴合时代的脚步。

以上是我对于部分学科重点方法的分享。当年清华的学长学姐回校分享学习方法时，我也是截取了其中适合我、可以有机融入我的学习生活的部分，裁缝出了独属自己的最佳学习方法。

高中学习过程，注定是一个不断认识自我、改变自我、突破自我的过程。大家也可以思考思考，自己是否正处在高中学习的某个"甜蜜舒适圈"里？我们完全可以做些什么去突破它，进入一个新境地。

合作学习：成就个体自强之路

决胜中学学习的经验有很多，比如肖涵兮提出的"问题—诊断—方案"三部曲，也就是自查自纠自评，不仅是分析试卷的一招妙棋，更能帮你看清自己，不再生活在别人的"影子"下，继而带你走上自立自强之路。

高中生活，肖涵兮更看重自主、自立。而成就他的自主自立的根本经验，却是学习四人小组。虽然成立学习小组最初的动机，只是因为几个好学上进的同学暗地里彼此较劲，"带来精神内耗"，有人提议组建学习小组，形成彼此关照、互为监督的利益共同体——虽有过程波折，但这个学习团队成效显著，最终结果圆满，四人分别考入了清华大学、浙江大学、中国人民大学和深圳大学，而且他们现在仍是很好的伙伴。

肖涵兮的高中经历再次印证了小组合作学习的重要价值：与其单兵作战、个体竞争，不如组建共同体，精诚团结，齐力向前。独善其身远不及合作共赢有意义。

当前的基础教育教学改革中，主张并且践行小组合作学习的学校众多。北京四中组建学习小组成效尤为显著，很多学生在小组中不仅收获了友谊，交出了漂亮的高考成绩单，更收获了身心健康成长、心智日臻成熟。正如北京四中老师评价的那样：经过几年小组学习的磨砺，学生都变成了"心中有火，眼里有光"的新青年。

其实，小组学习与北京四中是有特殊渊源的。在北京四中的校史馆中，有一张五人数学学习小组的照片，那是在艰难的岁月中，几位四中学生分别在不同的农村插队，对数学的浓厚兴趣，硬是把他们几个紧紧地联系在一起，成立了一个学习小组。平时他们的主要活动是，一有机会就要聚在一起，在简陋的场所，用自制的黑板，一起研读数学经典著作，或通过书信往来，交换学习心得。即便在如此艰困的情形下，他们也始终坚信未来国家一定需要数学家，今日所学定能派上大用处，因此必须为此早作准备。条件虽然很困苦，但情趣相投、志同道合的他们聚在一起，就有使不完的学习劲头，总能激发出研习数学的万丈热情。后来在恩师的指导下，他们演练了《吉米多维奇习题集》上的全部习题，基本完成了相当于大学本科数学专业基础课的学习，还接受了一定程度的研究生和博士生专业方面的训练……据说，当时这个学习小组还办了一份刊物，取名《中学生》，每期都是手抄本，供互相传阅，主要内容就是他们自学和研究数学的论文。发刊词写道"我们是富于创造性的，因为我们一无所知"，大有一种探求未知舍我其谁的气概。

多年后，他们回忆起当时的情景，情不自禁地说："在那种环境里，我们太需要精神上的相互鼓励、相互支撑了。有了这个数学小组，日子就大不一样了。"后来这些学生都考上了名校，都读了数学博士，成为该研究领域的佼佼者，为社会做出了突出贡献。

比起他们，今天学校里的学习小组条件就要好多了。2022年高考，湖南一所学校就冒出了一个顶呱呱的"优秀学生寝室"。六名男生因同样喜欢化学、喜欢参加化学奥赛而走到了一起。在他们的请求下，被安排在同一个寝室，一起学习生活了三年。其中有三位同学凭借竞赛成绩直接保送至北京大学，另外三位同学也分别被北京大学和清华大学降一本线录取。"优秀学生寝室"其实是一个地道的优秀学生小组，一个组织严密、制度严明、高度自律的学习小组。

"寝室公约"明确规定了晚自习后的"寝室八十分钟"如何利用，他们形象地说，课上学习好比走路，课后学习才是奔跑。

除紧紧抓住寝室这个课后时空，该小组还强化了良好学习习惯的养成，要求组内每一个组员统一行动、严格执行。以下条款可称之为这个小组的最高"法律"：

一是课堂要做到绝对认真听讲。他们坚定地认为"凡是认真听讲的学生，都会在老师潜移默化的影响下建立起属于自己的思维方式和逻辑判断"，有了这个基础才能做到举一反三、融会贯通。否则是要吃大亏的。

二是课后总结绝不落下。之所以要把这一条列入集体公约，就是为了防止个别人总是急于抢跑，恨不得"一口吃成胖子"。有了这条公约，就能约束每一位组员的行为，如果谁没有做到，视为大家共同的罪过。

三是题海战术不如"精"做题，大家都不能盲目刷题，不因自己的行为影响其他组员。要点有：精准分配时间，照顾到每一门学科；精学难点、查漏补缺，面对难点自我"糊弄"是绝不允许的；套题精做、限时模考，备考后半段，这一方法尤为重要。

四是分科建立"错题档案"，具体要求做到：整理错题的重点在于思考和纠错；同类型的题目整理在一起；高频翻看错题集。让错题本真正发挥作用。

五是情绪控制，这一点尤其重要。小组集体约束机制，互为监督比个体自我约束效果更好，一个组员讲了不听，还有第二个温馨提醒，实在不行还有最后一招祭出铁律。与此同时，遇到不开心的事，团队帮扶、相互慰藉的作用显得极为珍贵，确保把每个组员的身心调整到最佳状态。用他们自己的话说就是："强大的人之所以强大，是因为他们知道自己想要什么并且心无旁骛、坚定而勇敢。"

肖涵兮的经历和上述两个案例再一次生动诠释了独行快、众行远的道理。学习路上必不可少的团队共进，帮助更多人成就更强大的未来。

没有一个远方不能抵达

何若秋

作者简介

何若秋，清华大学法学院本科毕业生，高中毕业于安徽省某县中。热心公益事业和教育扶贫，曾多次参与支教活动、重返母校进行宣讲，以自己的求学经历和学习经验激励数以万计的学子。

核心提示

中考成绩全县200名开外，在一片质疑声中坚定选择文科。沉静寡言的外表下是不甘于现状的勃勃野心。在一个历史上从来没有文科清北生的县城高中，她决心做一个清北的梦。艰苦的学习环境和落后的学习资源让她学会笨鸟先飞、把握现有的一切条件；外界的质疑和压力迫使她逐渐修炼自己的心性，培养足够强大的精神内核。市统考第一、二十县联考第一、高考县状元、县城文科清北第一人……人们只见成果的辉煌，而一路走来的艰辛，也许只有她自己知道。

从高中母校毕业，已四年有余。那段求学经历好像一场清晰无比的梦境，历历在目却又如梦似幻，很多时候连我自己也发自内心地慨叹，那个懵懂的小镇女孩究竟是如何蓄满了那样源源不尽的能量，让她好像一艘风暴中的帆船，任它惊涛骇浪，仍然勇立浪头，不撤帆、不返航，直到穿越风暴驶达目标的彼岸。

觉　醒

高中之前，我不曾认真考虑过未来。我学习、追求好成绩，是因为听长辈的话，是因为想给父母挣面了，成为他们口中"有出息"的孩子。我也做梦，梦想着去一所风景优美的大学，梦想着环游世界，我的心里种着很多很多羸弱的梦想的芽，却没有一个拥有扎在现实沃土里的根基。

我的中考成绩在全县 200 名开外，虽然能上县城一中还不错的班级，但实在算不上什么拔尖的成绩，尤其和那些去省会城市、省内名校的初中同学比，更是相形见绌。那时甚至我的父母也对我没有什么大的期望，只盼我踏踏实实在老家上学，考上一个省内的 211 就已经是最理想不过的了。"一个女孩子，没必要太辛苦，上个离家近的学校，将来留在省内，安安稳稳的多好。"

于是，就在我步入高中那年，十六岁的我突然意识到了自己的处境和理想生活之间的鸿沟。我依然不清楚自己究竟想要什么，但我明白一定不想要什么。我无法接受困居在狭隘、落后的小县城，无法接受未来不在自己的掌控之中，无法接受我通过网络看到的大千世界永远只是我抵达不了的远方。我只有两个选择：要么强大到拥有远走高飞的自由，要么继续浑浑噩噩接受命运的安排。那时我稚嫩的头脑尚未想清楚很多事，但我认定了一点：高考将是我十八年人生最盛大的一场反抗。

"我在迷雾中穿行 / 我不知道我会成为什么人，但我知道我不能成为什么人 / 我只是要拒绝庸常。"

梦想的芽拼命向下扎根，汲取泥土深处的营养，努力向上生长。

试　炼

生活终究不是电影，主角艰辛的努力过程被缩放成短短的几帧，便立刻迎来实现梦想的高光时刻，掌声、喝彩、鲜花扑面而来，于是观众也通过电影幻想自己，畅快舒爽。只有当自己成为主角，才知道原来前期的熬煎占了九成，最后的畅快舒爽只占了一成。

高中三年我没有赖床过，每天早上雷打不动地在六点四十被闹铃唤醒，打开床头的播音机播放英文磁带，快速洗漱、简单吃饭，在车上看十几分钟文言实词就差不多到学校了。十二点一刻下课后跑去食堂，哪个窗口不排队我就吃什么。大概十二点半我便返回教室，因为刚吃饱饭坐着会犯困，我就趴在教室的窗台上站着做一个小时的数学题，还剩二十分钟开始午自习时趴在桌子上午休，等待被铃声唤醒继续做题。下午放学后的晚饭一般是边走边吃的，然后在晚自习开始前背诵政史地。晚自习十点二十结束，快速回家洗漱，大概十一点半就进入休息状态，保证七个小时睡眠时间。这几乎是我高中在校每一天的固定时间表：单调、急促、简化非必要需求。

听起来有点可怕，但其实这是我在对自己能力和耐力进行评估之后做出的安排。实际上这样的日常并没有使我痛苦不堪，大约是内心的某些渴求已然盖过了饮食、睡眠的基础欲望。我深知自我感动式的努力无异于作秀，真正有效的努力必须是在自己的承受范围内谋求规律和高效。毕竟三年备考是一场拉力赛，绷得过紧的弦恐怕压根撑不到终点就会断。

维持平稳高效的学习状态已经不是易事，然而我还不得不面对恶劣条件所制造的困难。

县中的教室没有空调，却坐着足足九十多名学生。每到夏天，暑热难耐，静心学习成为莫大的挑战。一天下来，校服不知道要被汗水浸湿几番。而校服却又是不透气不吸汗的料子，我几次被捂出了一身皮疹，浑身瘙痒不说，汗水流过皮肤就是一阵尖锐的刺痛。

冬天又是另一种煎熬。我体质畏寒，进入冬季，没有暖气也没有空调的教室有如冰窖。因为实在怕冷，我上课时常常缩成一团，人也因此变得懒懒的，一不小心就睡过去了，下课醒来又懊恼不已，只能用冷水洗脸让自己保持清醒。冬天的每次模考前，别人在疯狂浏览知识点的时候，我的主要准备工作是不停地搓手，让右手不至于因为冻僵而写不了字。因为排名第一，我总是坐在考场的第一个位置，紧挨着教室门。万一这间考场的门还是一扇破旧的挡不住风的木门，我就要受罪了——寒风从门缝唰唰地钻进来，一场考试下来，我的双腿几乎没了知觉，哪怕贴上暖宝宝也不顶用。那时我甚至对巡考老师满心怨气：他们每次一推门，冷风呼号着灌进来，在答题的我就得被冻得一激灵。

凡此种种，不胜枚举。我不想美化这些艰苦的经历，我经受这些只是因为条件使然，无可回避。这些经历也都化作赌气一般的力量，一股一股地浇筑成了一定要走出去的强大决心。

沉　淀

我的故事没有"考前黑马"那样激动人心的部分，完全是一步一个脚印地稳扎稳打。命运的齿轮从来没有"咔嗒"一声做出开始转动的宣告，它自始至终都只是在稳定地运作，让该到来的结果如期而至。

高一的第一次期中考试，我是年级第一。但我并没有多么欣喜，毕竟中考全县前百名的种子选手要么去了外地，要么选了理科，作为一所文科一直以来都是薄弱项的县中，即便是年级第一也不代表我能考上多么顶尖的学校，毕竟自打建县以来，我们学校文科高考的最佳纪录就是武汉大学、中山大学，甚至这还是一二十年前的辉煌历史；至于清北，是一个全校师生都不敢做的梦。

没有培养文科尖子生的经验，缺乏和省内重点高中的信息互通，甚至也不具备其他高中能给学生提供的优良学习条件和师资力量，无论在硬件还是软件上，我都处于十分劣势的地位。好在因为我一直蝉联年级第一，并且总是甩开第二名20多分，这很难不引起老师甚至校长的注意。他们从最初的讶异、好奇，到后来尽心尽力地倾注资源，想看我究竟能够得多高——他们的文科清北梦第一次有了具体的投射。班主任打印了贺舒婷的《你凭什么上北大》，细心地装订好，宝贝一样地赠给我。那篇文章我读了很多遍，我已不记得当时读后的心情，但是文中"坚持的确是世界上最伟大的品质"这句话，我一直记到了现在。在之后的无数个或是黯淡或是痛苦的时刻，我都告诉自己："再坚持一下。"实在累了就休息，情绪崩溃了就哭一场。没有什么是过不去的，用最短的时间休整好自己，重新投入学习中去。

后来我不断刷新自己的成绩，市统考第一名，全省二十多个县城联考第一名，联考排名终于让我对自己的实力有了更切实的感知，自己好像逐渐拨开云雾，让那个原本缥缈的梦想不再遥不可及。

出色而稳定的成绩来不及让我喜悦，紧随而来的就是难以想象的高压。那时的我早早成了全校的关注对象。我的名字和成绩成为全校师生谈论的热门话题；我的语文和英语答题卡被作为范本，复印多份分发给全年级各个班级；每次模考成绩放榜时，楼下的光荣榜总是围了很多人，就是想看第一名的宝座是否易主。我每次都从人群中快步走过，哪怕满耳都是关于自己的谈论。在那种情况下，学习似乎已不是我个人的事情，而是已然和母校的荣誉、和全校师生的期待牢牢绑定。

升高三时，学校在我们年级第一次成立了文理两个"清北班"，这是一次破天荒的尝试。毕竟在一个从来没有文科生考取清北的学校办一个文科清北班，实在像一种嘲讽。文科清北班有十四名同学，但是大家心里都清楚，这个"清北班"实际指向的只有一个人。几万师生的目光聚焦在我身上，有的人期待奇迹，有的人想看笑话。我跟着他们嘻嘻哈哈自嘲是小白鼠，其实自己心里也难免发虚。

我想为了自己的未来放手一搏，而他们在等着观看"神的陨落"。于是，我把心态的修炼提升到和学习同等重要的地位，毕竟最后的最后，三年备考只为那一场考试，此前无论有多么辉煌的成绩也不再作数。如果顶不住外界的干扰而陷入焦虑和内耗，难保我在高考中能有稳定的发挥。我必须拥有一个足够强大的精神内核，将外部的混乱因素从我身边抽离出去，以此作为我成功的保障。

我不是一个内心强大的人，甚至可以说是天性敏感的，但是我深信一个观点：Fake it till you make it。想要让自己变成什么样子，就先从外部塑造自己，再由外而内慢慢渗透到内心，直到自己真的成为理想的模样。很多高中同学对我的初印象都是"高冷、有距离感"，其实这都是我为保护自己而专门培养的"疏离感"。我避免被卷入太多琐碎的小事，远离高中生喜爱的八卦和绯闻，减少混乱的信息源对我学习状态的干扰。在每场考试之前，我都会提前到考场门口，远离喧嚣的人群，独自站在一个稍微清静些的角落，静心思考、调整自己的状态。

我要求自己放大格局。因为目标是远大的，所以不应当将目光止于自己眼前的一方狭隘天地。我对学习以外的事物保持着"钝感"，既不会因为看到别人在学习而焦虑，也不会因为别人取得成绩而嫉妒，因为我将同学视为并肩战斗的同伴而非对手：如果为了与几十个人几百个人的竞争关系而焦虑，又何谈与全省几十万考生一同竞技。我在高中结交了非常好的朋友，我们一起讨论问题，互相鼓劲，共同进步。感谢她们的陪伴，使得我的生活虽然单调却不至于乏味。那时我还是一个颇受欢迎的"心理治疗师"，很多同学遇到了情绪上的问题都爱找我倾诉谈心，我也十分乐意帮助她们做心理疏导。绞尽脑汁帮助她们解决问题的过程，也是一个自我反思、自我检视的过程，在和别人的谈话之间，可能一个正在困扰自己的问题也就豁然开朗了。

我的老师们也给予我莫大的帮助。我始终认为，单凭我一个人是绝不能从十八线小镇触及清华园的门槛的，是老师们的托举让我达到了我本无法企及的高度。他们也许没有多么光鲜的学历和头衔，但却是全心全力帮助我、指导我、关心我的人。我的班主任就像运筹帷幄的军师，他拿着成绩单琢磨琢磨，就能把我的状态和各科遇到的问题知晓个大概。同时他也很了解我的秉性，知道我有足够的自驱力和自己的学习规划，便给予我足够的自由让我自己规划学习、调整状态，在我真的遇到困难和瓶颈的时候再对症下药地提供指导。那时即便我没有按要求完成老师布置的作业，老师也睁一只眼闭一只眼，课代表也拿我没辙。状态不好的时候我就往办公室跑，跟老师们聊聊天，转换下心情。有段时间我发现自己的地理选择题正确率总是提不上去，很想知道老师的解题思路究竟和我有什么不同，便抱着一本习题从楼上跑到楼下，把全年级的地理老师几乎都"骚扰"了一遍。

也正是我的老师们让我感受到"皮格马利翁效应"的强大作用。自我意识建立的初期，我对自己的认知还是十分模糊的。我那时从来没有感觉自己是一个心态很好的人，但是校长和老师每次见到我，总说我是个心态好的孩子。他们的话潜移默化地进入了我的认知系统，形成了积极的心理暗示，我借由他们的正向评价不断对自我进行塑造，越来越成为一个内心强大的人。即便有时候紧张了、考砸了，我也不会过于纠结，因为我知道自己心态好，不会被偶然的失败所困扰。高三一次很重要的大型联考，我不知怎的，数学竟然没考及格。那大概是我最有失水准的一次，老师们都有些吓到了，而我却显得很平静，甚至觉得有点好笑——居然能在我的成绩单上看到这么个数字。我给自己一节晚自习的时间调整，懊恼也好，忧虑也罢，统统在这个时间里消化掉，之后只当不记得这次成绩，只管专心查漏补缺。再下一次考试，我的数学取得了满分，又把老师们吓到了一次。好在这样过山车式的惊吓只让他们承受了这么一次，之后直到高考，我都保持着十分稳定的发挥。

越是临近高考，心情越是浮躁不安。那时每天就在反反复复地咀嚼已经学过的知识，几本教材颠来倒去不知道看了多少遍，每天背书背得嘴里直冒白沫，刷题刷得头昏脑涨，类似的题目做来做去，能做对的还是对，总做错的还是错。大家明显地浮躁起来，我也感受到自己心里像是蹿着一团火，燃烧着那根紧绷的弦，感觉马上就要烧断了。我很难静下心来复习，只想把书一丢考完了事，甚至心思已经飞到大学的校园里去了；理智却又告诫自己要按捺住心里的冲动，越是到最后越是得沉着冷静，必须维持最佳的考试状态。三年我日复一日地度过，没有觉得多么地望不见尽头；最后的一两个月，却是真的压抑又煎熬，只能每天告诉自己，再坚持一下，再忍耐一下。

想来，我那时的状态差不多就是米兰·昆德拉在《生命中不能承受之轻》里所写的："我心中已经听到来自远方的呼唤，再不需要回过头去关心身后的种种是非与议论。我已无暇顾及过去，我要向前走。"

对心态的修炼贯穿我高中三年的学习生涯，直到考前时刻。如果说学科知识和考试技巧是我三年积蓄下来的火药，那么稳定的心态就是必不可少的捻子，唯有靠着这一根捻子，这些火药才能在最终时刻绽放出绚烂的烟花。

绽　放

我在高中保持着写日记的习惯，有感悟时能写两页纸，没时间的话就只写上两行字。写作是我休闲的方式，也是我宣泄情绪的出口，很多杂乱的思绪仿佛经由纸笔的整理，就会变得明朗许多。

高考前一天晚上，我坐在书桌前，给自己写信。窗外漆黑的夜犹如我尚未显现答案的命运。我写下："明年此时，你眼前的会是哪座城市的夜景呢？"

高考的两天，我都还保持着往常一般的状态，反倒是爸妈按捺不住地激动起来，爸爸更是在每一次送我进考场的时候高举着手机给我录像，好像我不是临上考场的高考生，而是参加路演的一线女明星了。感谢爸爸的记录，让我在日后还能在影像里看到向考场走去的自己：迈着扎实的步子，背挺得很直，留下一个笃定的背影。

整个考试的过程感觉很奇怪，明明是模拟了上百次的再熟悉不过的流程，心里却又明确地知道，这次考试和之前的每一次都不一样。那年数学考得很难，记得我只用了半个多小时就答完了半张试卷，结果翻页后的第一道大题就无从下笔。最后三道大题我花了一个多小时的时间，却还是无法全部答出来。出考场的时候，脑袋晕晕的，只记得看到同一考点的同学围在老师跟前哭成一片。晚上回家无事可做，我便做了一套文综选择题练手，对答案数到自己错了第四道的时候，我想这糟糕的正确率只会惹得自己心烦，便也懒得再对，直接把试卷一扔，上床睡觉去了。事实证明我对自己心态的修炼十分有效，尤其是考前把心态调整放在第一位的做法。第二天的文综考试，我取得了高中三年的最好成绩，三门科目四十多道选择题只错了一道。

闷热的教室，吱呀吱呀的风扇，旁边考生沉重的叹息，唰唰的笔划过试纸的声音，出考场时有些刺眼的夕阳。随着最后一次收卷铃声打响，我的记忆戛然而止，好像连同试卷一起收走的，还有三年来的委屈和忍耐，野心与不甘。我感受到前所未有的疲惫的亢奋，那是一种，当一段纯粹的日子彻底结束，各种复杂的情愫重新涌上心头的感觉。我慢慢品味着突然到来的自由，一时间只觉得不适应、不真切。

那时我才知道，花火在绚烂绽放时也许是没有声音的。但它落下后的回响，在我的心里久久震颤，不住回荡。

此番回望，我仍对高中生活的点点滴滴充满怀念。那是一段为了未来而变得简单纯粹的日子，是不断修炼自己内心的历程，是虽然寂寞但陷入困境时从不缺少援手的旅途。披星戴月，清风为伴。永远感恩，永远怀念。

最后的最后，我圆梦了清华园。他们说我创造了县城的历史，但我知道，那只是历史而已。就像那段时期的精神力量如今依然滋养着我自己一样，它也会长久地激励着无数的后来者，告诫更多像我一样身在小镇、心向远方的莘莘学子：路有多长、通往何方，唯有你自己的脚步能够决定和丈量。向前走，不必怕。

阅读参考

直面挫折　心静若水

古人云：成大事者不拘小节。何若秋就是这样一个能成大事者。她有那么一点矜持，但又不全是；有那么一点"不想平庸"，但又不争强好斗。总之，这个女孩不紧不慢、不骄不躁，遇悲不怨、遇喜不狂，遇争不怒、遇和不拒。高中生涯几乎保持着一种稳定的基调，无论成败，心态也一直平稳如常。

高三一次大型联考，被寄予厚望的她竟然数学不及格——这事若是搁在其他人身上，可能早已乱了阵脚，但是何若秋咧嘴一笑而过。这样的心态让她受益匪浅。当年高考，很多人因为数学没考好，深陷其中而严重影响到后面的考试。而她则完全未受影响，如常发挥。

常规下，人的大脑调控心境和情绪。但在特殊时期，往往是心境决定大脑。高考考场就是学习阶段典型的特殊时期。像何若秋这样能始终保持一个心态，大脑便始终是清醒的。这样的学子，往往家长放心，老师省心。也因为心态稳，所以能行稳致远，未来或不可限量。

当然，好心态不仅如此，还需要认真刻苦对待，"善待"那些能吃苦的人。

"梅花香自苦寒来"这句话出自《增广贤文·警世贤文》之勤奋篇：有田不耕仓廪虚，有书不读子孙愚。宝剑锋从磨砺出，梅花香自苦寒来。少壮不知勤学苦，老来方悔读书迟。从中可以看出，凡是想成为成功人士，或是成为为社会、为国家做出更大贡献的人，能吃苦都是必备条件和基本精神。何若秋自述自己不算是那种特别能吃苦的人，但也是具有持久耐力的人。她也不会看不起苦读书的同伴，而是始终如一，把自己当成是一个朴实而平凡的女孩。

那时候，班主任推荐她读的贺舒婷的《你凭什么上北大》一文，对她有不小影响，她印象最深的是："坚持的确是世界上最伟大的品质。"显然，死心塌地的坚守，持之以恒的坚持，使她始终与无视苦读书的同伴的傲慢无礼，保持着距离。她不会拿别人的吃苦当笑料——她的偶像贺舒婷的班主任曾经"教训"过她："我知道有些人以为很聪明，看不起那些刻苦的同学，总觉得人家是先天不足。可是我想说，你只是懦弱！你不敢尝试！你不敢像她一样地去努力，因为你怕自己努力了也比不上她！"而这句话，贺舒婷一直记到了现在。

这样的故事，让何若秋警醒：即便是轻轻松松的学业优秀，也不能看不起那些拼命努力的人。而要想走得更远，需要时常拿起镜子照照自己的内心……

在弹奏《长大》中长大

金　鱼

作者简历

金鱼，清华大学工程物理系本科毕业生，现攻读该系裂变能科学与工程方向博士学位。高中毕业于山西省某重点中学。大学期间，曾担任班长、院系学生会副主席、学生红会副会长等职务，曾获清华大学综合优秀奖学金、文艺优秀奖学金、志愿公益优秀奖学金、社会实践优秀奖学金、社会工作优秀奖学金、清华大学优秀共青团员称号。多次参与招生工作，被邀请为暑期学校学科经验交流数学物理学科主讲。

核心提示

他不善表达，口中千言万语却笔下含蓄；他并非传奇，传统做题家的成长经历只是千千万万平凡学子的缩影；他不够聪颖，解决很多问题往往需要更多精力。他多才多艺，唱歌、谈弹吉都是一把好手，可以说是在弹奏《长大》中长大的；但他倔强前行，从不放弃，无形的努力化于点滴，志存高远，脚踏实地，多年的求学岁月坚守如一，潜心奋进。有过乘胜追击的喜悦奋进，也不乏不尽如人意的落寞失意。但好事多磨，多年后再回顾曾经的求学经历，总结感悟一项项具体而朴实的细节，既是对现在学习生活的鼓舞激励，也是与年轻的自己和解。

成长经历：求学 Timeline

和多数同学一样，我并非那类绝顶聪明的学生，也不曾拥有传奇的逆袭经历。整个学段还是充满不同身份角色的转换切换，主要矛盾随着周围环境灵活更替转移。在这里首先和大家分享介绍我从小到大的求学经历，也借此梳理自身的成长故事。

很小的时候，妈妈就会从身边的各项事物中发掘学习素材：譬如通过大巴车行驶引出分数 1/2 与 1/3 的比大小；在超市购买小布丁引出基本的乘除法运算；省份拼图引出直辖市、自治区、省会等基本概念……在这样的教育模式之下，我比同龄人更早接触到课内知识，也就不那么依赖幼儿园的教学环节。所以机缘巧合下，我以较小的年龄入学一年级，提前接受应试教育的"洗礼"。毋庸置疑，当时的教育模式和现在大有不同，五六岁孩童无比看重分数和奖惩激励，这就是他们小脑瓜里最重要的事。以现在的目光看，那是另一种层面的"内卷"，不过当时的我还算欣然面对，既然无法改变环境，就努力适应。即使教育资源较为欠缺，管理方式较为落后，我也扎实投入学科知识的点滴积累，将学习作为简单纯粹的任务一心一意对待。这样的状态基本贯穿整个小学阶段，后期虽有择校、转学、奥赛等风波，但总体上仍可以说和谐、完美、顺利、自然。

但中学却不能复刻这样的"态度决定一切"的完美故事。一方面因为授课方式与课程考核重点产生变化，多元多方向竞争越发白热化，另一方面，我也面临新的拦路虎：中考体育。小学阶段，我依赖着体能尚能勉强及格，但初中对速度、强度、力度等给予更为具体严苛的量化指标，属实是给了只顾文化课学习的我当头一棒。尽管从第一学期开始就持续进行各式各样的魔鬼式训练，体育成绩也只能在及格线下徘徊，可以说整个三年都被这一阴影笼罩。所以总成绩自然是无法拔尖，还持续地被占用大量的精力。这样的情况下，我逐渐坦然接受了自己起跑线比别人落后 20 分的事实，为实现最终目标，就需要在别处超车。策略也非常直接明了：一是保障数理优势学科的零失误，二是给予薄弱学科尽可能多的细节投入，掌握充足的答题技巧。在这样一场攻坚战最后，我非常幸运地以 3 分的盈余升入理想的高中，也正是这一次挫折，使我深刻地意识到，不能理所应当地认为所有人都会拥有相同的起点境遇，更多时候就需要坦然接受不足，努力保持良好心态，实现最大限度的综合能力提升与成果转化。

进入高中的我是兴奋的，一方面，我可以更充分地将精力投入文化课学习，另一方面，万里长征的终点也逐渐明朗。所以在前几个学期可以说是非常顺利。为全身心投入学习，我在所有可能分心的娱乐活动与课外项目中训练了非常强的时间管理能力，在"导学设计、跟进落实、单元回顾、模块诊断"的循环中逐渐形成自己的套路。在学习需求旺盛之时进行探索尝试，无论是笨鸟先飞还是乘胜追击，始终保持着谦卑的态度。这样的历程助我打下了坚实的理科基础与上佳的文科素养，即使后期遇到了较多波折动荡，高中的路总体是更为顺利的，当然也有各种各样的小插曲，下文的几个模块将对此详细展开。和中考相似，最终的分数不能说非常满意，但非常幸运地获得了清华的入场券。

由此真正进入人生的新阶段，不过至今也是四年多的时光，此部分展开便是另一个故事，因此也不过多赘述，类比高中物理的一个概念，可以说是"卷摆二象性"的状态。和清华园的故事还在续写当中，未来如何发展，现如今仍是未知，待各位学弟、学妹入学后共同体验。

高一到高三：三种状态　多样的自我

切入正题，三年的高中生活于我而言，像是三种自我的全方面深入体验，每种状态各有特色，之中交织融合，不断总结教训积累经验，总之目的都是相通的：让自己变得更好。

高一可以说是我最幸福也最风风火火的一年，既不再纠结体育的拖累，也见识到更多有趣的知识，还可以接触更为新鲜的环境。那时的我可以说发挥了自己的"至 e"属性，圣诞节会堆砌辞藻给全班一半的同学手写祝福贺卡，每次周考结束都会和小组同学聚餐麦当劳。对待所有学科也都是打了鸡血似的，下了课对老师围追堵截刨根问底，从元素周期表的手工制作到曲线运动与航天的各类综合，从定语从句的一个个介词到解三角形的最简便思路，现如今想起都会惊讶于彼时的勤奋专注。同时，这一学年的课外活动也是无比丰富，从语文节古风诗歌串烧到健康心理周的话剧排演，从艺术节领唱到运动会跳绳，桩桩件件都可以说积极参与，虽不一定持久深入，但无疑把每一天的生活填充得满满当当。与此同时，这个时期可以说是大家的心智成熟关键期，直接表现在情绪多变，多愁善感，我也经常化身老师、同学的小助手，帮助大家解决困难纠纷。由于课程难度不算太大，科目综合性不强，这一时期我可以很轻松地取得优异的成绩，每天正能量满满，虽然骑车回家的三公里路车来车往、坡度不小，但每天四趟也不觉辛苦，想来这就是学习最为理想的状态。

同样的模式基本上一直延续到高二的寒假，那时的自己使命感极强，虽然课业任务逐渐增多、难度不断提升，但似乎永远有最适合的学习方法和应试技巧。课余生活较第一年逐渐卸下包袱重担，回归简单基本的任务，但适当的"i 人"属性倒也自得其乐。可以说前三五个学期有过波动，但总之是兜住了班里的前排位次。时间一长，虽没有懈怠，但的确多了很多侥幸心理，原本日日清的错题本逐渐拖延至周周清，原本一个月不碰的电脑、手机逐渐每天半夜都偷偷拿出玩耍，原本每天早晨六点四十自然清醒变成八九点的文科课补觉。言已至此，大家自然也可以猜测到，在进入正式高三的倒数第二次考试，我的问题终于集中暴露，物理选修彻底没学通，语文作文仅得 37 分，名次前所未有地面临崩盘。可以说这是三年求学中的至暗时刻，虽然老师都没有太责备，仍将难得的每班仅有一人的清华暑校机会留给我，但我始终陷入内耗的心结。由此开始，连续很多次，我始终回不到曾经的巅峰辉煌，无疑肯定有优势科目和纵向分数提升，但是明显无法按照原先的模式在高三的高压力、强综合性中如鱼得水。久而久之，我虽未意志消沉，但也可以说是"自甘堕落"，降低了全方位的自我期待，不能说完全糟糕，但回想起来，这一时期的 depressed 的的确确阻碍了原先的进步节奏。

高三一轮复习接近尾声，我仍旧保持不温不火的状态：数学非常稳定地维持在 145 分上下，英语语文轮番拔尖、中游交替，倒也不至于拖累，唯独理科综合令人焦虑头痛：新知阶段总能维持优异的物理化学难以拔尖不说，生物这一多数同学并不发愁，甚至追求满分的学科，我基本就没有进过班级前半段。问题暴露了，我只有有的放矢地解决，那时的我，虽说没有太大的野心，却始终憋着一股不服输的劲儿。高三寒假的娱乐方式可以说为零，不是被限制，而是发自内心地感受到危机与伤悲：前两年的功夫明明下足了，怎么就是不见成果呢？思来想去终究费解，班主任却再一次以中国女排沉寂多年再创辉煌的故事教诲我。实话实说，这个例子我听到过很多次，先前更多时候是坚持己见不为所动，直到高三的最后一学期，我似乎才领悟到了什么是真正的破釜沉舟。于是乎，遗忘，放空，排除一切杂念，忘记曾经拥有的所有荣誉，只有一项项待解决的问题和一块块需要啃碎消化的知识，就这样一个"空空如也"的自己进入了最为辛苦的一段时光，搏一搏，单车变摩托。现在想来，真的没有什么豪言壮语或者精彩的转折点，其实就是全面认识真实的自我，接受、适应不同的状态，以足够的理性和坚定祛除一切的借口与困顿。

接下来无须多言，虽然不能在一两次考试中立竿见影，但我清楚地发现并珍惜着自身的进步。无论是做题速度还是计算准确度，作文立意还是压轴题思路，这一时期的我非常清醒冷静，对待学习再也没有那种患得患失的情绪，仅保留足够的客观理智，逢山开路，遇水搭桥，持之以恒，问题终将迎刃而解。这种状态虽不能说最幸福，但就如最终高考的表现一样，它的的确确帮助我跨过了那道门槛，虽不是大获全胜般的欣喜若狂，但顺利通关的那种弥足珍贵，永生难忘。

至此，高中三年可以说经历了三种完全不同的学习状态，初来乍到的新手优势帮助自己获得了不错的底子，中间的滑坡跌倒也使我看到了真实的问题，而最终的破釜沉舟柳暗花明也让我意识到潜心做好一件事的难能可贵。在各种状态中训练自身的危机应对能力，现如今回想，也是非常重要的成长锻炼。

与 Miss trouble 和解的二三事

三年的时光不短不长，在这里和大家分享几个经典的"麻烦案例"，希望能够帮助到有着相似困惑的大家。

首先是对待名次的纠结与痴狂：我是一个不折不扣的细节选手，每次考完试对答案估分已经不能满足自身需求，更多的时候对竞争对手充满好奇，对待别人的失常甚至开心过自身的超常；与此同时，每次模考出分后，总像刑侦破案一般从"智学网"（向家长展示同学各科目横纵向排名与具体得分，但匿名）找寻蛛丝马迹，非要把全班的各科名次彻底厘清。我承认这确实激发了我的好胜心，但也的的确确是一种精神以及时间的内耗，奉劝大家适当"佛系"对待成绩高低，尤其是可能存在的判错情况。无论给高给低，冥冥之中自有定数安排，轮回周转，以不变应万变方为最好的取胜手段。当然这也是后话。面对这一问题时当局者迷是非常正常的现象，无论如何都应给予自身最大的肯定，你所拥有的也许不完美，但却最适配。

其次是在不同学段，对不同科目可能存在的喜恶不均：这集中体现在语文英语课上完成理科作业，或者请假在家休息。我承认很多同学在这样的方式中大大提升了学习效率，还能收获一种别致的快感，这也一度使我眼红效仿，但结局却是两败俱伤，非但漏听了文科课中更加稀缺的隐藏考点，还导致一心二用的理科任务错误率陡增。只能说这样的时间管理大师只是少数，更多同学还是适合"在其位，谋其政"。也许会觉得枯燥乏味，但是学习本就不是一种单一的状态，正是多样的交织与协调统一才勾勒出最美的颜色。

最后是个人比较羞于提及的一项，也可能是很多伙伴都有所经历却不愿言说的——追星。这件事情大家可能觉得难以发生在理工科优秀学生身上，但的的确确对我高二、高三的滑坡动荡产生很大影响。细节不去赘述，结论很明确：对的时间点做对的事，否则追悔莫及。

学科学段趣事杂念

接下来分享一些高三中遇到的趣味现象，第一个是状态和秩序的打乱，在一段时间内某一些科目可能会持续地出现失分，粗心，时间不够用，班级内部发生较大的洗牌，这些都是正常现象，就是一个 order 与 mess 辩证平衡的环节；第二是持续性的压力与心态调节，这是除了学科知识与题目难度之外，另一个对成绩非常重要的影响因素。保持紧张与期待并存的状态，才是最适合的学习模式；第三则是高三阶段学校安排铺天盖地的学法经验讲座，老师也会在课程中间安排一些串讲模块强化等，各位要根据自身实际情况做出准确的判断，时刻做好最适合自己的方案，灵活准确地进行调节。

谈谈几个中学学科中的细节 tips，首先是数学物理：高中几何和代数构建了新的认知方式，物理的力热声光电等不同的内容也进行次元重构，所以数形结合、一题多解都变成了非常常见的模式。我们要时刻打磨自己的习惯与侧重点，灵活进行知识点的交叉运用，分模块分专题进行强化。准确的计算习惯，总结改错与草稿本，清晰的推演过程，在新旧知识的应用中追寻统一自洽。而语文英语实则照应"风物长宜放眼量"这句名言，一时的得失无疑是狭隘肤浅的，真正的收获往往来自长期积累后的刹那间茅塞顿开，醍醐灌顶，由此带来的喜悦也无疑更为强烈。

另外，高中阶段各个学科的知识体量进行了完全的更新，不同学科的掌握度需求分化显著，需要大家时刻以最新的格局、最宽广的眼界灵活安排思考，选择合理的预习复习方式与正确的评价体系，采用周期性总结的方式增强自身收获感。

一些关于生活方面的小 tips，同样是高中生非常重要的考量事项：其一是作息方面，强调大家能够遵循规律，趁早培养好习惯，跟着感觉走。其二是生活饮食，强调稳定而丰富，切忌考前大补与报复性饮食。在心态调节方面，希望大家掌握正确的宣泄途径以及健康的生活情趣，确保稳定的情绪价值来源，通过学工与社团组织等活动，调节自己的课余时光。

关于成长中的困惑和喜悦、优势与不足，可能不用区分得特别明显，更多的是对不同状态的综合分析对比。亲子矛盾、同学纠纷或者情感疑难都是常见的问题，无论是何缘由抑或带来何种烦恼，几年后回头看，都是微不足道的小插曲，正是这些经历使我们成为更充实丰富的大人，因此无须自怨自艾，追寻大智若愚的思想意识，以豁达的状态忘却烦恼。

阅读参考

从生活细节里　抠出更好发展的可能

很多成功人士都喜欢回头看，在成长路上发现不足，引以为戒；很多学业成绩不错的优秀学子，也会在反思中发现成长的问题，从而汲取经验教训，帮助自己更好地发展。

金鱼同学自认为短暂的成功背后，存在发展的隐患，他希望能从生活中抠细节，找到更好发展的可能。中学盲目追星不可取，理性追星可提倡。对于中学生来说，追星似乎很普遍。甚至有很多狂热型追星族，沉迷其中，让学业、生活一团糟。现在，盲目狂热型追星族不可取，理制可控型则需要辩证地看待。

网传一位广东女孩，学业优秀，追星因祸得福，只因为她把对方当成自己的精神楷模，从偶像身上看到的是奋进、努力追求梦想的人生态度，让自己不断超越自我："让自己变得更加优秀，来不断向优秀的偶像靠拢，证明自己对偶像的喜欢和支持。"看着偶像从稚嫩小孩到全民偶像，一步步站在更高更大的舞台上，她受到深深的感染和鼓舞，并为自己定下了更高的发展目标，不断朝着梦想的方向努力，不仅更好地学习，还同时学习乐器，制作短视频，参加公益和环保活动，不断丰富自己的课余生活，最终走向成功。类似这样的追星族常常是对标偶像优秀品质，用追星中所获得的幸福感去抚慰现实生活，而不是把追星当成逃避现实、自我发泄的方式。

对家长和老师来说，如果发现孩子有追星现象，首先不要一律视为洪水猛兽，简单粗暴地处置，而是注意观察，留意其追的是什么星，以及为之付出的时间精力等成本代价，换来的是什么。如果真像上述案例，适当提醒、帮孩子把控住大方向大原则即可。用金鱼同学的观点看，高中学段能不追星最好不要追星，即使是所谓的理性追星也不提倡。除非追的是科学之星、两航之星、两弹之星。

剔除心里的小九九，一门心思朝前走。金鱼同学的中学故事里，有每次在考试成绩中纠结、比较的烦恼，也有在文科课上做理科作业的小伎俩。从长远看，成绩是学习成效的显性结果，可以做评估但没必要太过计较和比较。文科学习如同拉二胡，上手容易，成人师难。难就难在它是滑音，拉不到极致，怎么也找不准音，不像键盘乐器有精准的键位；学理科则有点类似演奏键盘乐器。乐器不分好坏，但成就一流演奏家有难易之别。所以，任何学科学习都不可轻视，认清学科特性，专心学习，不在文科课堂做与其毫不相干的事。金鱼同学的教训也说明了这一点。

关注生活中的那些不经意的小细节、小心思，想明白其真正的意义再去行动，才会有更好的发展可能。

从无法理解到脱颖而出

季欣然

作者简介

季欣然，清华大学生命学院直博在读。高中就读于新疆维吾尔自治区某重点高中。大学时，获清华大学新生奖学金一等奖，多次参加暑期学校学科交流活动。

核心提示

高一那年，在"我不理解"的自我怀疑中，她通过认真分析与接纳自我，逐渐找回信心；高二那年，她在数学竞赛的考场上一筹莫展，一年的努力付之东流，学校模考又以58分跌破及格线；高三那年，为了克服弱势学科的学习困难，她勇于直面错误，积极调整心态，最终以优异的成绩为人生开启了新的篇章。

"我不理解"

我上高中是在 2014 年。化学的第一堂课讲"摩尔",我感到非常疑惑。在之前几年的人生里,我对摩尔的认识一直局限于游戏庄园之中。那堂化学课我听得很认真,很想把摩尔这个概念弄懂,四十分钟之后,下课铃响了,我没能理解。

摩尔,这个概念出现得很突兀。为什么要把阿伏伽德罗常量的微粒打包在一起;为什么阿伏伽德罗常量是这个数;为什么我们不能用"个"这个单位去描述粒子,而要用摩尔去表达?

然而与此同时,我发现周围很多同学表现得泰然自若,似乎很容易就接受了摩尔这个概念。化学老师说摩尔这个概念很重要,高中以后都讲摩尔,很少再用"个"这种单位,并且基于摩尔会衍生出一系列概念。

我心里很害怕。于是趁着午休,拉上好朋友,让她陪我去化学老师办公室。我说:"我上课没听懂,能不能再给我讲一遍摩尔是什么意思?"化学老师给我讲了一遍。我还是没懂,又让他讲。他说:"我从你的眼睛里看得出来,你听懂了。其实这个概念不难,你只是不熟悉。几乎所有学生刚接触这个概念的时候,都会觉得不适应。练习一阵,两个礼拜就好了。不要着急。"

当时我将信将疑,悻悻离开。后来学三角函数,背积化和差、和差化积这些公式,我没背下来。有一天在走廊里和数学老师遇见,我就跟他讲这件事。他说:"背不下来很正常,你回去按照公式的推导过程,自己推两遍。只要推导过程熟悉了,公式里面加减乘除这些符号,你是不会搞错的。"我便原样照做,事实证明老师说的话很有道理。

"我不理解"这种状态在学习过程中经常出现,接受新鲜概念的时

117

候，或者阅读答案时发现到某一步不太懂，这是很正常的事情。如果我们万事都懂，那"传道授业解惑"的师者就要怀疑自己存在的意义了。所以在这个时候，首先不要急躁，不要过分忧虑，要耐下心来认真地想一想。

想什么呢？

第一，在我自己的经历中，"不理解"分为两种。一种叫突兀，没听说过这个概念。好比"摩尔"这件事，每1摩尔任何物质含有阿伏伽德罗常量（约6.02×1023）个微粒，这句话并不难懂，比如日常用的计量单位一打是十二个。但是这个概念就让我感到陌生，很棘手，仿佛一个天外来客。原因在于，我脑子里从没有按照这种方式去思考问题。在化学领域里，我原来不清楚可以把粒子们打包在一起，叫作一。因而这种突兀，其实是对思维方式的一种改变，它告诉我，可以用这种新的方式去观察和理解这个世界，要"更上一层楼"，只是需要一点点时间。

另外一种"不理解"，我叫它"窄门"，顾名思义，门已经有了，说明你已经能够理解这个水平的知识，只是门有点窄，象征着认识还比较浅。换句话说，就是不够熟练。所以看别人解题步骤很流畅，看答案的时候琢磨琢磨也能懂，但自己做题时总是这里卡一下，那里卡一下，思路断断续续。

经过对"我不理解"状态的分析之后，用什么方法来应对和解决问题呢？我认为是认真练习。不是盲目大量地训练，而要注意以下三点：

首先，带着目的去练习。为了理解某一个概念、运用某一个公式，去做一些习题。其实这些习题正是各科老师从各种练习册中帮你挑选出来的，应该完成的作业。这样的作业，就不是一种负担，而是一位帮手。通过这些题目的引导，我们能够理解并且逐渐掌握核心的概念。在这样的过程中，完成作业就产生了成就感，因为你真正收获了自己想知道的东西。

其次，练习的过程里要相信自己。

第一，要相信结果是好的。我们都有写字的经历，谁也不是一出生就能写字。小学的时候，我们要花一两年的时间去学会写字。写字很麻烦，又很枯燥，一个字重复写五遍，哪里还有什么意思。但是现在我们都能写字，而且能写得很快，有些同学的字还很漂亮。这说明在我们每个人身上都有成功的例子，我们能够通过自己的努力和练习，掌握曾经不知道、不熟悉的技能。因而这种自信不是盲目的，而是对自己的鼓励，是信心。

第二，要信自己。人与人之间有差异，有些人擅长随机应变、现学现用，课堂上的知识能够迅速掌握，立刻运用到解题的过程中，还有一些人，比如我，就不完全是这样。高中物理课，我的老师习惯先讲一些知识然后当堂练两道题，公布答案时他会先请址里的同学回答，经常是大家异口同声答一个正确答案，老师也觉得大家学得不错，点点头，稍微讲解提点一两句这道题就过了。但这个时候其实我还没做出来，也不明白其他同学的答案为啥是这样。物理老师说："你可能不属于脑子反应特别快的学生，但是你悟性很好。"我和别人，我们就是不一样，要接受这种差异。看到别人比你理解得快，也许他确实天赋高、聪明，但是天赋是从娘胎里带出来的，改变不了。天赋甚高的人活一辈子，我在这世上也活一辈子，"王侯将相宁有种乎？"。

还有一种情况是，你觉得自己跟周围的同学其实差不了多少，但是架不住人家提前学，别人补习，我没有额外上课，会有点慌。在这样的压力下，人也容易感到不自信。我在大学本科时选修过一节跳水课，在此之前，谁也没跳过水，大家都是从零开始。但是我上第一节课的时候，过于激动，扭伤了膝盖，腿不能打弯，因为养伤错过了三节课。等我再回到跳水池边上的时候，其他同学已经跳过一米板、三米板、三米台、五米台，有些同学直接上到七米台，我还一次没跳过。就从三米台跳起，由于没有任何基础和演练，入水时整个人呈现坐姿，双腿几乎水平于水面入水。三米看似不高，但人跳下去，反冲的力量已经非常大了。我两条腿大腿后侧的肌肉仿佛被水挤压错位，全部被推到大腿侧面，肿了三四天，腿侧面不是被打了的那种红色，也不是毛细血管破裂的青色或者紫色，而是弥漫的黑色，两个礼拜都没有吸收掉。而且我从台上跳下去，人还在半空中，就听见岸边老师喊："哎呀！太差了。"心里也是很难受的，当着很多同学也觉得很丢人。但是当时除了一遍一遍往下跳，跳下去，游回岸边，上台，再跳，没有任何其他的办法。因为老师已经把所有要注意的事项和技巧教给我了，"师傅领进门，修行在个人"，从台上起跳的节奏、空中姿态的调整和维持不是老师能够教我的，都要靠自己去感受和体会。我们在学习上遇到不理解的知识，老师可以帮你解惑，但如何将它们化为己用，这是别人帮不了你的，只能通过不断的练习加深理解。大概又过了四节课，我就上到十米台。虽然有人比我提早上十米台，但是那又有什么关系呢？

第三，不要怀疑自己，遇到一点挫折，不要放弃。我很喜欢画画，本来正画得挺好，忽然就觉得画得好差。看看大佬的作品，再看看自己的，落差感特别强烈。这时候会想，我不画了，我画得不好。但是，难道不画了，就能画得比原来更好吗？显然是不可能的。只有克服困难，才能真正学到东西。所以在心里要告诉自己，不能逃避，不能放弃。同时不要悲观，要相信我能做到。

最后，在认真练习的过程中，要积极接受改变，不要抵触陌生的概念和知识。如果我一门心思就想着"摩尔是个没用的概念，为什么这么奇奇怪怪的，我不喜欢它"，那我就很难学好它。我们到了这个年纪，也都有自己对于世界的看法，有时候不愿意接受外来强加的方式，以为这是一种个性，其实是很小肚鸡肠的，无非是觉得被管束、不自由。但是，难道自我封闭、不听外界的声音、不去学习和理解面对这个世界的各种方式，这就是自由吗？

"我不擅长"

我的弱势学科非常明显，是物理和英语，语文有一点"小瘸"，但挣扎着也还能走。

从初中开始学习物理，这门课就一直是我的短板。刚开始学的时候，我觉得自己在课堂上的反应和作业的完成情况都挺好的，甚至在第一次考试时，我发现这张试卷里有一道题目写错了，班里其他人都没有发现，甚至老师也没有纠错。这个错误只有我发现了，顿时特别自信，当即拿笔把题目涂改了，然后做了我自己改过的那道题。结果分数出来，全班五十多个人，我考了40多名。后来我的物理也一直都不好，在高中所有科目里学得比较费劲，高考理综就是物理选错两道选择题，直到大学上完大学物理，发现我这一辈子可以不用再学习物理了，激动的心情难以抑制，在宿舍里和我的舍友抱头狂笑。

既然你们还没有"脱离苦海"，那要怎样去面对弱势学科呢？

第一，要认识到弱势科目并不是全面弱，一定有相对强的部分。以我学物理为例，力学很差，但电磁学还不错，几次考试感觉也可以，所以我在心理上对电磁学就有自信，也喜欢搞电磁学相关的内容，因为我能做好，有成就感。这样一个正反馈、良性循环，就是锦上添花，让我的电磁学分数很稳定。同时，虽然力学差，咱也不能不管，先从简单的部分学起，把基础的题目弄懂，这就是挑软柿子捏。这样一来，整张卷子我不会的只有难题中的一部分而已，这些题目努力做一做，简答题基础的步骤我都能写，选择题万一蒙对了，剩下会做的题目尽量都做对，这个分数就不会低，至少在中上游。

除了物理以外，我英语也不好。高考英语作文是25分，我最开始只能得 15 分到 18 分，我很困惑，因为我把头发都要揪掉了才想出这一百来个字。英语老师说，我的作文写得太生涩，读起来很不舒服，所以分数不高。她建议我把长难句、高级的语法和单词暂时全部扔掉，就用大白话写作文，主谓宾挨着来，以流畅为第一目标。我根据她的建议练了两篇，我写得很轻松，她读了也觉得很不错。接着我再把语法结构和高级的单词加了回去，分数立刻就提升到二十三四分。

这两个例子都说明，面对弱势学科，分析清楚自己已经具备什么条件，还欠缺什么能力，是解决分数问题很好的方法。

第二，心理上要勇敢面对弱势学科，真正要下功夫。在一模之后的一段时间里，我花了很多心思在物理上。晚自习做物理试卷，一共二十道简答题，两个小时只能做五道题。因为我需要非常认真地去思考，把每一道题做出来。这段时间给了我很大帮助，后来就偶尔能够做出难题，到高考当天，物理第一道大题我第一遍没有算出来，当时看表就告诉自己，再算十分钟，如果算不出来，就先放弃它，很开心，我顺利地做出来了。

第三，积极纠错。我在高三的时候意识到，纠错一方面要学会正确的答案和思路，另一方面要找到自己错在哪里。获得正确答案之后，不能对错误置之不理，而应该积极面对它，有时候这是需要一些心理建设和自我鼓励的。我可能会不想面对自己的试卷，因为已经觉得很烦了，也不想知道自己到底错在哪里，但是这次逃避了，下次是百分之百还会错的。怎么办呢？只有正面和它硬刚，狭路相逢勇者胜。

"我没及格"

成绩起伏波动都是非常正常的现象，哪怕偶尔有一次退步了特别多，也不要太紧张。天塌不下来，这个地球还照样转。《武林外传》片尾曲里有句歌词"这世界真的也许有太多的你不如意，可你的生活虽然坎坎坷坷仍在继续"。

我高二下学期学有机化学，虽然还听课，但不想写作业，题目都不读就挨着空抄别人的作业，那次月考化学满分100，我考了58分，没及格。我当然不敢告诉我妈这个消息，但是班主任拿到成绩之后不敢相信，立刻风风火火一个电话就给我妈拨过去了："季欣然最近怎么回事？化学怎么只考了58分？你赶紧跟她的化学老师联系，问一问情况。"电话那头的我妈得知这个消息似乎也没有啥波动，只有我胆战心惊，大气不敢出一下，赶紧乖乖溜回家了。等她下班回家，先问了下我这个事，然后说："笑死我了。我给你们化学李老师一打电话，他就说：'哎呀，季欣然妈妈，你不要着急，她平时学习状态都挺好的，这次就是一个小失误，她以后肯定能考清华的。'我说：'其实我也不着急，就是班主任让我给您打电话。'"从这个故事可以看出，成绩排名偶尔波动一下，真的不是什么大事，不要太紧张。

但是，成绩退步确实需要重视。

首先，要想一想退步的原因。像我的情况就是，我没学，所以成绩差。这可能是退步中最糟糕的一种了，因为但凡你学了，也不至于如此。那么如果确实就是我这种情况，怎么办呢？这时不要着急，觉得自己荒废了一个月，特别焦虑，人不能一口气吃一个胖子，还是要先从小处着手。

这个小处，就是错题。因为我平时作业都是抄的，所以平时没有错题，唯一有价值的错误就是月考卷子。我就把月考卷子认真看了，错题、不会做的题都找同学给我讲清楚。这张卷子搞完，也就先放在一边了。因为月考之后很快就进入了新单元的学习，不能因为曾经的过错，耽误后面的事情。

等我再拿起有机化学章节，已经到了高考复习的时候，这时候我才很仔细地把有机化学的内容学了一下，平常作业做到这一部分也会更加重视，后来考试中也没有再出什么问题，这件事才算逐渐过去了。

"雕心"

我现在对于高三复习的印象只有三点。第一是高考前的心态调整。第二是我们教室阳台的门不太牢，冬天风刮得很大时，那扇门偶尔就会"嘭"地一关，我在晚自习的时候秉持的基本原则就是"真男人从不回头看爆炸"，我也从来不抬头看那个门。第三是关于纠错的一件事情，叫"雕心"。

初三临近中考的两个月，我们年级前30名的同学被从各自的班级中叫了出来，组成了一个新班，单独一个教室。一次考试结束，讲卷子的时候，老师说的第一句话是："你们看看自己的试卷，扣分的地方有多少是因为不会做，有多少是因为粗心做错了。"粗心的毛病直到高三，我才真正开始改正。改正的方法是要求自己在作业中会做的题全部做对。这项改正坏毛病的工作我从冬天开始做，做了大半年，高考时也就没有很大的遗憾。

但是在我上了大学之后，我发现这个方法有些问题。"雕心"，是一项细致的工作，我沉浸在这种状态中的时间太长，到了大学之后就显示出过分沉溺于细节的弊病，有时候细枝末节牵扯了太多的精力，以至于我不能很好地厘清学习的思路。所以我一度尝试抛弃这种注意细节的想法，但是并没有收获很好的效果，反而粗心的毛病又回到我的身上。不过到我读了博士一年级，也就是最近在做科研的过程中，好像忽然找到了这中间微妙的平衡。这种平衡叫作"观照内在"。

高三时期，我的细致是对于对象审视的一种细致，读题的时候可以字字计较，这是触摸外在的过程中，好像盲人摸象，我摸得很细。但这根本不是心细，而是愚昧的勤劳，外在的世界有很多细节，反映在我的心里，好像我的心也很细致，其实是假的。因为它不是从内而外的，所以才会牵扯和消耗大量的精力和时间。然而真正的细致，应当是观照内在的，是人的心，心思很细，好像湖水一样很静，思虑就能周密。

两点学习心得

最后一部分讲一点比较具体的东西，就是高中学习心得，集中在数学和生物这两个科目上，这是我高中学得最好的两科。

数学的学习方法是我从初中延续下来的，有两个要点。

第一，看黑板。我的初中数学老师特别强调这一点，尤其是讲题的时候，她在板书，一定要求我们眼睛盯着黑板，放下笔，不准跟着她抄步骤。起初我不明白这么做的原因，但还是听话照做了。有一天我听课很无聊，就偷偷抄板书，忽然我就发现，其实看一行抄一行的时候，虽然我的手动了，但脑子根本没动，就像一个无情的写字机器。于是我立刻停笔，继续看黑板，直到把答案完全看懂，才往书上抄。看黑板，其实意味着，记在脑子里比记在本子上有效。我的初中语文老师有一次表扬我的作业，说词语归纳和注音做得很不错，结果隔天考试，我字音的选择题做错了，语文老师立刻把我痛骂一顿："本子上抄那么多，不往脑子里进，有什么用？"大学时，我进了实验室，刚开始的时候很多实验步骤都不清楚，连那个冰箱里放了什么试剂这种细节都要非常郑重地写下来，甚至画个示意图。我师姐检查我的实验记录本，夸我说记得很详细。然而真正做实验的时候，那些试剂我还是找不到，步骤我还是会忘。师姐说，"我建议你以后多往脑子里记"。

第二，学会做个性归纳。我初中的时候数学就不错，有一天同学来问我，数学考试应该怎么复习，我非常惊讶并且得意地反问她，数学考试还需要复习吗？她愣了一下，就走了。并不是我不想告诉她，是因为我以前数学考试真的不复习。直到有一次我考得很烂，班里有个男孩，数学也很好，被老师请上讲台分享自己的学习经验。他说："我之前听见班里有一个数学学得挺不错的同学说，数学考试不用复习。"我在台下坐着，脸腾一下就红了，从那之后我就开始琢磨怎么复习数学。在考前，我会首先把数学书看一下。其实一次月考所涉及的内容也就是三四十页，大概看两个小时。大部分内容都是很熟悉的，但是总会有一些平时不太注意的细节，我会把它们整理到一张纸上。接着把最近的作业翻一翻，看看错题，再看看自己曾经写在作业旁边的注释和提醒自己注意的地方，也都整理在那张纸上。考前就把这张纸拿出来看一看，基本上就心中有数了。

关于生物的学习心得其实不是我总结出来的，而是我高中的生物老师。

高中生物说穿了有点像个文科，尤其是全国卷。学习方法就是过书，反复去读课本，然后归纳总结。高考前我们年级的几个生物老师联合把生物书上所有的知识点全部总结了一遍，又挖成填空题发给我们，此外还有听写、默写这种小考试，这些都加起来，我们把生物书从头到尾过了五遍。这个做法的效果非常显著，理综生物满分 90 分，我们班的平均分基本是在 82 到 85 之间。2017 年暑假，我刚高中毕业，带过一个家教，那个男孩生物平常是 30 多分，认真过书之后就是 70 多分了。

阅读参考

争做会学习的有心人

学习是每一个人都要经历甚至伴随终身的事。只不过有的人会学习，有的人不会。会学习的人主要表现在两个方面：一是学习行为习惯好，二是善于学习，是个学习的有心人。季欣然显然是个有心人，在学生时代把学习的事琢磨透了。

从"摩尔"这个概念入手学化学。化学第一节课，讲的是"摩尔"，季欣然听得一头雾水，课后追问老师还是不理解。仔细对照分析后发现，有些科学概念要真正理解，必须跨越现实感性这个门槛，经验与常识反而成了理解这些概念的思维障碍。

因此，要想深入"摩尔"概念的内核，凭着感性体验的那一套，钻进它的躯壳，深入化学物质内部窥探，这条路显然是走不通的。必须另辟蹊径，摆脱常识与经验的羁绊，直接把思维镶嵌到理性与想象的理念世界中去。比如，量子就是所有细小粒子的统称，在研究超微观世界现象时，把最小单位定义为量子。你无须知道这些粒子究竟是哪一个，或者属于哪一类，也无须知道它们长什么样，反正科学家为了便于表述，也为了便于演算，硬性规定把它们统称为量子。

有时你越是围着课本上的文字定义打转转，想弄准吃透它的含义，反而越是会陷入文字游戏的迷魂阵，思维反被搅浑。就像老师开导季欣然的那样："几乎所有学生刚接触这个概念的时候，都会觉得不适应。"一时走不出惯性思维，那就暂时搁置，把它晾一晾再说。

但是，"摩尔"是学化学的入门锁匙，只有通过它才能打开继续学习化学的大门。所以暂时搁置后，就要开始结合随后的学习和具体应用来逐渐破解。将"摩尔"放在具体的应用场景中，赋予其具体的含义，有了明确的角色，这时再结合上下文，理解起来就有了抓手，从中慢慢悟出其内在含义。

另外，特定概念、定律、原理等一时不好彻底理解，与同学和老师展开讨论也是一种不错的选择。真理越辩越明，观点交锋、思维碰撞的过程中，概念的内涵及外延就会一一暴露出来，各自贡献一点智慧，最后大家都能从中受益，从而走出囿于感性常识而经验化了的知识"窄门"。

利用好黑板学重点。板书是最常见的教学景致之一。上课"看黑板"也是一门学问。老师经常强调大家在他板书的时候，不要急着记笔记，而是暂时把笔放下，一心一意跟着老师的板书集中精力进行思考——此时不急着记笔记，就不会分心，不影响思考。此时利用老师板书时间，可以在两个方向展开思考：一是往前追思，回顾本课、本小节、本单元所讲主要内容和核心知识点，把自己想到的要点与老师板书上将要表达的进行对接，检验自己的认知有无偏离老师的轨道；二是往后猜想，根据老师板书的关键词，猜想老师接下来会写什么，提前对知识进行自主归纳，继而对老师下一步的教学安排进行推测，实现超前预演和知识扩展。比如本课所学有什么用？如何用？可能遇到的问题、阻力以及前景展望，有针对性地列出课外需要自学、取长补短的任务清单和细目。下课前除把老师板书的内容记录在案外，还要把自己当时猜想、联想到的相关信息一一旁注在侧。

学会个性归纳。个性归纳就是用自己的话把所学知识进行归纳总结，全部书写记录下来。主要有两个方向，一是纵向思考，就是把当前学习与前后所学知识建立联系，形成网状知识结构。二是横向分析，就是把当前所学知识与相关概念、知识进行比较分析，弄清异同点。需要强调的是，在思考和比较过程中，要善于自我表达，而不是照抄课本和资料。

个性归纳，必须趁热打铁，一般在教学进行过程中，只要有时间，就及时进行归纳总结。每日一记，每天一小结。清清楚楚，明明白白。

只要用心思考，细心记录，真心行动，就是会学习的有心人。

往事并非如烟

独行兔

作者简介

独行兔，清华大学电子工程系本科毕业生。目前，在清华大学电子工程系读研。因考取全国生物学竞赛金牌而保送清华大学生命科学学院，后转入清华大学电子工程系。曾获清华大学优秀学生干部、综合优秀奖、学业优秀奖、好读书奖等荣誉。

核心提示

他来自山西的一个小县城，高中时背起行囊远赴他乡来到太原求学。小地方视野的局限和信心的不足是他在高中开始之时的背景色。他开始学着设立一些目标，并且脚踏实地地去完成这些目标。目标的设立为脚踏实地的奋斗提供了方向，脚踏实地的努力又促进了目标的达成、信心的增加和新的更高目标的设立，一个正向的循环开始建立起来。心态上的积极向上结合提升效率、完善笔记体系、善用错题本等一系列有效的方法，最终使得他在全国生物学竞赛中获取金牌，得以进入清华学习。

在准备这篇文稿的时候，正值大四毕业。距离我背起行囊赴异地开始高中求学，倏忽已是近十个春秋。

孩儿立志出乡关

我来自山西省吕梁山区，那里是传统的革命老区。2014 年因为中考考取了我们县的第一，我被太原的山西大学附属中学（简称山大附中）录取，山大附中是山西最好的中学，每年有五十个左右考上清北的学生。很惭愧，刚上高中的我，因为来自小地方，起初不懂什么宏大的理想。当时山大附中的教导主任面试我们几个人，问大家将来想考什么大学。前面几个同学说想考 985、211，我当时想着完了，我都不知道 985、211 是什么，也就跟着说，我要考 985、211。然后教导主任和我说，你如果就这个目标的话，那就没必要来这儿读了，隔壁太原理工就是一个 211，你直接回你们县读高中就好……

高一分班之后，班主任也让报一下大学目标，我这次学乖了，报一个具体点的不错的学校——南开，然后第二天班主任就在班上说，咱们班居然有人只想考个南开……我入学那年，山大附中高考特别好，那一年有六十四个人考上了清北，高中开学典礼的时候，很多刚考上清北的学长学姐来分享经验，那是我第一次见这么多清华、北大的学生，那个时候，他们每个人都似乎发着耀眼的光芒，可是对我而言却可望而不可即。

回到我自己，高一刚入学，分班考试出来之后，学校发了一张调查问卷，里面介绍了关于竞赛的一些政策，有数理化生和信息五科竞赛。这也是我第一次听到还有竞赛这种途径，就在晚上随便勾了一下，自己最喜欢生物，所以生物选第一个，之后选了化学、数学、物理和信息。可能是入学考试考得还行，然后问卷填了我想学竞赛，于是我就稀里糊涂进入竞赛班，方向就是学生物，后来才知道这个班是山大附中最好的班，再到后来我才知道，那个晚上随便勾的那个问卷，决定了我之后的人生轨迹。

高一刚开始的时候，竞赛课听不太懂，我的规划也是好好学高考内容，至于竞赛，本来我也是随便报的，那就上上课就好。高一一年高考课学得还行，本来有点担心自己文学素养不足，语文学不太好，当时我就去问我们语文老师，能不能给我推荐一些校外的培训机构，老师回答把课程内容好好听明白，就足够了。事实上也确实是这样，我们语文老师上课风趣幽默，拓展的知识面极广，每次上课我都非常认真地做笔记，下课后反复回顾，语文成绩也就慢慢上来了。高一一年，我月考排名逐渐从班里面二十几名到了十几名，年级六十多名到了四十多名，但是竞赛一直处于不温不火的状态，每次小测试也都是中间偏后的名次。转眼就到了高一下学期，4月竞赛初赛后，竞赛教练和我说，我觉得你很踏实，学习也很认真，你这一个月抽时间把竞赛内容好好看一看，好好准备一下。于是我就把往年竞赛题和解析认真看了看，便上了5月联赛的考场。结果还挺出乎意料，我在高一快结束的时候考了省一。这对于当时的我是有巨大的鼓舞作用的，原来自己也能考出一点成绩，竞赛似乎不特别难，这时候我第一次对自己的升学有了别的规划，或许可以考虑考虑竞赛？

之后很快就是高一的暑假，当时我们学生物的同学，便在竞赛教练的带领下，前往武汉的华中师范大学进行了为期一个月的培训。我第一次感受到了南方的湿热，也感受到了什么叫真正的倾盆暴雨。为了省事，我早餐连续吃了一个月的热干面，导致之后看到热干面坚决避而远之；课程从早晨上到晚上，现在想想还是很震惊，华师那么小的校园，那一个月我居然没有走遍，更别提出去看看武汉这座城市；当时没有带智能手机，只有一个老年手机可以给家长打电话。我每天唯一的娱乐方式，是学完一天的课程之后，可以在电视上看看《百家讲坛》，我现在都记得很清楚，那段时间的《百家讲坛》前面讲东汉建立，后面开始讲韩愈。

生活虽然枯燥，可也就是这一个月高强度的上课，帮助我梳理了整个生物学的框架，老师们也将生物竞赛几乎所有的学科和知识点都过了一遍，高一暑假所学课程为我之后的竞赛学习奠定了牢固的根基，之后我的复习和拓展主要就是基于这个暑假所记的笔记。

暑假培训回来之后，刚好我们上一届的同学在8月考完了全国决赛，有两位学姐获得金牌保送了北大。与我入学看到的清华、北大的同学并不相同，这两位学姐是我在学习中有过很多接触的，日常的接触消除了她们清北的光环。我看到的是自己身边普通的同学，通过自己的努力和奋斗，保送了北大，实现了自己的人生理想。我在心里面暗想，自己在高一时考了省一，我们这一届生物竞赛选手目前能考省一的也就三人，或许自己也应该在竞赛上拼搏一次，金牌似乎也没有那么难拿，我觉得我也可以做到！于是在高二上学期，我开始投入了更多的精力去学习竞赛，高考和竞赛的精力各占一半。这一学期，我主要是将暑假所学的各科知识，结合大学教材进行更加深入的理解，而在竞赛测试中，自己的成绩也在逐步向前，我越发相信竞赛这条路自己可以走得通。与此同时，自己的高考成绩其实并没有落下，保持了相对的稳定，并且在最后一次月考中以全校第八的成绩结束了自己的高考学习。

我之后经历了高二寒假，高二下学期清明、五一的外出培训，从高二下学期清明时开始彻底停止了高考的学习，全天候学习竞赛。高二下学期开始时，班主任与我们生物组的同学谈话，说这是背水一战，要战就要战出点名堂来。事实上也是如此，完全停止高考当然是一种冒险，说没有压力是不可能的，但是只能横下心来向前走。高二的联赛我考了山西的第二名，之后开始了理论和实验同步学习。我至今都记得刚开始用刀片进行切片时，经常性地切到自己的手；也记得为了剖出一条完整的沼虾神经，独自一个人在实验楼待到了十一点。我是为数不多的住校生，十点半从实验室走的时候，一整层楼漆黑一片完全没人，便总是自己为自己唱歌来壮胆。高二的7月，我们又去了武汉的华师，进行了一个月的培训，在此期间，我们参加了清华的夏令营，自己取得了三等奖，三等奖的优惠政策是如果在竞赛决赛中考取前100名，清华可以高考降60分录取。说实话，当时取得这个奖心里面是有不甘的，因为同班有两位同学是一等奖，自己应该是在面试环节表现不佳才导致得了三等奖。这次夏令营是我第一次来清华，这个园子的风景和学术气质深深地吸引了我，它的路名都很好听，近春路、熙春路……犹如一本《红楼梦》展现在眼前。园子里的风景和人坚定了我通过努力来到这儿的决心，但是想来到这儿注定并不容易。

我从8月初开始，因为竞赛学习过度疲劳，加上并不适应南方的气候，便一直持续性地高烧，武汉华师培训之后，我和另一位同学去了长沙培训实验，在长沙四十度的天气中我烧到了四十度，我至今都记得自己独自在路上，发着四十度的烧去教室时，在路上唱《国际歌》："这是最后的斗争，团结起来到明天……"我们那年的决赛是8月下旬在四川绵阳举办的，我是顶着高烧上的考场，上午输液，下午去考试。考完等成绩出来的那天，举办方带着我们去了汶川大地震纪念馆、北川旧县城遗址。我感受到的有生命逝去的无常，也有裂石缝中坚持活下去的生生不息，自己拖着高烧去上考场又何尝不是呢？坚持一下，再坚持一下。去完北川的那天晚上，成绩出来了，自己考取了金牌，当时签了清华的生物科学，生活终究是对得起我们的努力和坚持。8月25日竞赛成绩出来，9月4日我就到清华报到就读预科班，在夏令营之后一个半月，我终于可以属于这里了。

以上就是我高中的整体经历。各位从我的经历中可以看到，竞赛这条道路并不容易，是身体和精神的双重竞争。事实上，我们想做成任何一件事情，都需要身体和精神的双重支撑。我们首要的任务是将身体锻炼好，毛主席曾经说过"文明其精神，野蛮其体魄"，身体状况会直接影响一个人的精神面貌和气质毅力，也会直接影响学习的效率。我们可以看到周边不同人的气场是不一样的，气场强的人背后一定有强健的体魄做支撑。我其实是一个反面案例，竞赛到最后的时候，身体是被累垮的，这其实影响了我的发挥，竞赛决赛有一整天考实验，我上午的部分考了92分，下午的部分不及格，原因就是下午时体力不支，影响了实验的发挥，否则最后的成绩可以更好一点。所以希望各位一定以我为戒，学习之余不要忘了锻炼身体。

大家看我高中的经历，其实梦想和信心，是一点一点发展出来的。很少有人一开始就可以说我一定要考清华、北大。作为一个小地方走出来的孩子，我就是通过自己脚踏实地地做事，取得一点点小成就，不断给予自己正反馈，进而有动力去拼搏，从而获得新的成就，最后考取清华的。如果说有什么我在高中做得不足的地方，就是局限于自己现有的眼界，没有充分地去搜集外界的信息。我们高中的校训是"志存高远，脚踏实地"，志存高远，一方面是指要有梦想，要给自己定一个大致的目标，另一方面，这个目标并不是随意确定的，是要根据自己现有的情况，加上较强的信息搜集能力，使得这个目标虽然高于目前，但是自己通过努力是有可能够得到的。因此，我在这里真切地鼓励各位多和别人交流，尤其是要敢于和比自己优秀的人去交流，同时平时上网时最起码多看看官网上具体的项目说明，了解自己有哪些项目可以申请，思维的碰撞、信息的获得有助于我们确立合适的目标，而合适的目标会给自己带来很强的正反馈。在有目标之后，更重要的是，把自己当前的事情一步一步地去做好。生活是一个连续的过程，下一时刻的场景由我们现在的场景和行为所决定，我们需要从现在做起，从小事做起，去推动人生逐步朝着更好的方向去转移，并且在此过程中对自己的目标进行校正，我想这就是理想和实际相结合的普遍流程。一步一步地去做，蓦然回首，便是"轻舟已过万重山"。

脚踏实地需巧劲

接下来，我想谈一谈脚踏实地学习好课程知识的几条大的原则和方法，也就是我的一些学习经验，不一定适合所有同学，仅供参考。

第一，提升效率。效率首先体现在充足的睡眠和精力上，人的时间总是有限的，一天总共就二十四个小时。而人的精力也总是有限的，每天都需要一定的睡眠，因此学习中一定要提升效率。我学竞赛的时候，同组的一位同学每天睡得很晚，但是白天在竞赛教室学习的时候，他总是在那儿犯困打盹，最后决赛成绩也不是特别理想，这显然就是捡了芝麻丢了西瓜。我在高中的时候一般是十二点睡觉，六点半起床，中午大致也会有四十分钟的睡眠。充足的睡眠可以保证大脑正常运转，保证对于知识点有深刻的理解。效率还体现在，不搞题海战术。不是说我们不需要刷题，而是要适度刷题，把一部分精力用于知识的总结和归纳上。我认为遇到新的知识点做题的两个阶段是，第一，认认真真地把这个知识点的一些题型从头到尾算一遍，确保自己能把这种题完整的算完；在有一定熟练度之后，便进入第二个阶段，那就是大量看题，脑海中能看出怎么算的直接跳过，只有自己不太会的题目，才需要真正动笔去做，这样做有利于实现理解和刷题的匹配，提升自己学习的效率。

第二，在理解的基础上，建立完善的笔记体系。我在高一入学之时，便准备了各科的笔记本，为自己规定了，什么样的知识记录在什么样的本上，便于之后的翻阅和寻找。笔记记录体系的建立，某种程度上体现的是对于知识体系的构建和总结。笔记中尤为重要的部分是，对于每个专题的理解，对于一个专题一个知识点，一定要能够用自己的话语体系表达记录出来，这才是真正的懂。"如果你不能把它简单地解释出来，说明你没有真正理解它。"例如高一化学入门时会涉及十字交叉法，刚开始老师讲课时我听得一脸蒙，直到我自己亲自翻阅资料，对它的各种适用情景进行了自己话语的整理和归纳，才真正明白了它的原理，从此在考试中便非常习惯于用十字交叉法加快计算。

第三，善用错题本。我刚上高中的时候不觉得错题本有什么用，觉得抄错题浪费时间，错题我改正过来就可以了嘛。但是事实上并不是，我经历了很多次考试中重复出现重复错误的情况，才意识到，错题往往不是因为自己粗心，更多的是大脑中根深蒂固的认知错误，这种认知错误不经过一些铁腕整治，仅仅在老师讲题的时候进行改错是不足以纠正的，铁腕整治的办法就是错题本。如果题目过长，我会将错题剪下来贴到错题本上，然后用红笔写出自己为什么会做错，是哪一个关键环节有认知错误，并且把正确的解题步骤从头到尾地写一遍。写完之后，不定期地，每次考试之前，都把错题本认真看一看。这样可以使得自己对于某一类知识点有着深刻彻底的理解，也能有效避免反复做错的问题。

八方风雨各有舟

接下来，介绍一下我对于各科目的一些学习方法，同样请大家辩证看待。

先说说语文。除了知识的积累，语文的根本目的是对于一个人表达能力的培养，对一个人精神境界的熏陶。中国古代讲究诗礼传家，讲究对于周边事物进行人文的感知，对一个人的内心进行感化。语文中很多内容是感性的，并没有规律可言，而这一部分，归根到底体现着一个人对于世界的认知水平。既然是提升认知水平，那么最好的办法是自己亲身经历，例如我们可以经常性地对自己的亲身经历进行记录，把自己的感受写成文章，这就是初中的记叙文；对于日常的一些事情自己写一些评论，这就是高中的议论文。平时多写，这是提升语文水平最根本的办法。自己经历的不足，可以用名著和名人的经历来替代。我高中的时候非常幸运，我们高中语文老师上课也不怎么过课本，而是给我们讲各种人物传记。他讲了一个月苏轼，从昂然自诩的苏轼到白首忘饥的东坡，我听得如痴如醉，而苏轼的人生经历和人生态度，不仅仅使我有了更多的作文素材，也让我对于人生有了更加深刻的认知，高中语文课对我的影响一直持续至今。希望大家不仅仅学会考试的技巧，更可以从语文的学习中感受人文关怀，学到可以受益终身的东西。

英语和语文类似，也是一个积累和感悟的过程。英语的积累，一些重要的方面有：词汇的积累、一词多义的积累、词组短语的积累、语法的积累、高级句型的积累，尤其是完形填空中，往往所有的词都认识，但是就是不知道选哪个，最后发现是其中一个词有着别的内涵。和语文一样，英语并没有什么捷径可言，重在积累。而英语的感悟和语文不太一样，语文强调对于生活的感悟，而英语更重要的是对于英语中常用表达的感悟，对于语境中上下文的感悟，这同样没有什么道理可言，因为这涉及人类感性的认知，是一个逐步感悟的过程。最后，提醒大家一定把英文书写练好，这个对于作文成绩真的很重要。

高中数学，相比于初中，难度上升，是很有挑战性的科目。数学以知识模块和题型的形式出现，对于一个新知识的理解，应该按照前面所述，刚开始认真把题目从头到尾算一遍，确保这种题型我可以算完走通，我可以对这种题型自己口述解决流程，在此基础上再去看更多的题，会的直接过，不会的再算。高中数学有几个点是需要注意的，第一是重视基础。基础一方面指对于常见的书写规范一定要书写正确，例如集合的表达；另一方面指对于课本的重视，也就是请大家一定不要眼高手低，一定把数学课本的习题全部做一遍，数学课本是教育专家编写的，课后的习题是专家对于知识点的拓展和巩固，事实上很多考试题目都源自于课本习题。我印象尤为深刻的是，三角函数部分题目尤其困难，刷了很多题目之后回头看了看课本习题，才发现课本习题的每一道都极具代表性，而且难度不低，掌握了课本习题就是掌握了这一部分题目的精髓。第二是注意总结题型，注意错题本整理，并且尝试一题多解，一题多解的过程是对于题目深入理解的过程，也有助于自己在考试中迅速寻找最合适的解题方法。第三，提醒大家一定注意分类讨论，解题中不要遗漏某种可能性。

高中物理同初中物理有着很大的不同。初中物理是对于周边世界定性的认知，而高中物理需要对周边世界进行定量认知，也就是需要公式和计算。高中物理还有一个特点，是公理化倾向，也就是从较少的公式推导一个复杂的体系，从较少的一级结论拓展出复杂的二级结论。鉴于此，我把高中物理的学习模式总结为如下几步：第一，掌握基本概念和基本关系结构，可以拿出几张白纸，把物理的所有基本关系、基本公式、基本定律从头至尾地梳理出来，每个公式的适用范围是什么，梳理的时候就设想自己如果要给别人讲，怎么样才能讲得清晰又有条理；第二，掌握了基本知识网络之后，自己向外推导，老师们上课时总会讲各种各样的二级结论，我们在课下应该用基本公式，自己再一步一步把这些二级结论推导一遍，推导一切可以推导的结论；第三，高中物理开始涉及较为复杂的实验设计和分析，几乎每一块知识点都会涉及基本的实验，这是因为物理学是建立在实验基础上的，对于实验部分，需要手绘基本实验、现象的物理图像，设想能够给同学讲清楚任何一个物理实验的框架；第四，同数学一样，不要眼高手低，要把物理课本上的每一道例题独立完成一遍，因为课本上的题目是专家对于知识点的总结和拓展；第五，注意总结题型，注意错题本整理，不定期翻阅错题本，将错题重新做一遍；第六，在基本概念清晰的情况下，最后才是大量刷题，掌握题型和解题方法技巧，查漏补缺，提高解题熟练度。

高中化学和物理最大的不同，在于高中物理可以由少数公式拓展出复杂的知识网络，但是化学的知识非常琐碎，高中化学知识点多，而且比较细节，这是由两门学科本身的知识结构特点所决定的，化学这门学科到目前为止也没有完成数学公理化过程。高中化学虽然琐碎，但是模块化特征也很明显，因此高中化学的学习，首先需要掌握书本上的知识点，搭建知识框架，建立知识体系。我们需要按照章节顺序把每一节的知识点有层次地整理到笔记上，高中化学主要涉及以下几个模块：基础概念和基本原理、金属元素及其化合物、非金属元素及其化合物、化学反应原理、有机化合物及其性质、物质结构及其性质。首先，整体框架下，需要填充这部分涉及什么概念、哪些物质，各个概念和物质之间有什么关系，这些物质和概念涉及什么化学反应、实验和应用。其次是做题，在掌握了课本知识的框架之后，同样不应无脑刷题。要明白做题的目的是复习巩固知识点，熟悉知识点的考法和设问方式，以便在考试中能快速分析题目。所以做题要保证质量，保证每做一道题都有一定的收获，如果做题时遇到没有学过的知识点，可以积累到笔记上。最后，化学同样需要错题本，第一是矫正自己的错误思维，第二是如果自己的思维模式并没有问题，而是因为细节扣分——这种情况在化学和生物中的比例很高，这个时候就要分析答案，找出答案中的答题模板，以后可以直接套用模板答题即可。

生物相比于化学，是一门更加偏向于文科的科目，同样需要按照模块整理，而且背诵在生物中显得尤为重要。生物部分就和大家说两点，第一，提醒大家一定把知识点背准、写准，生物中的知识表达规范尤为重要；第二，生物中主要有三个部分是有较难计算的，蛋白质中的结构分析、呼吸作用光合作用的计算、遗传部分的计算，这三部分需要重点整理题目类型、各种情景类型，并且在整理的基础上通过做题来加以巩固。

高中三年是人成长过程中很重要的三年，我的高中生涯足够辛苦，也不那么有趣，但是志存高远、脚踏实地，用实际行动一步一步朝着目标去走，时间会记住每一分努力。终有一天，会发现自己已经走过了长长的路，看到了更广阔的天地。

阅读参考

追求更美好的人生　从强身健体开始

人生的路很长，为着理想而拼搏是一件很幸福的事，但这样的追求过程不能以牺牲健康为代价。这需要从学生时代就开始"警惕"。

以独行兔的经历和观察来看，当下中学生身心健康问题不容忽视。除了学业压力大之外，其实更多的是学子自身重智育不重体育，缺少健康意识和体育锻炼导致的。

"文明其精神，野蛮其体魄"，这是百年前毛泽东在湖南第一师范学院读书时提出的观点，至今言犹在耳。不过同时他也观察到，体育锻炼归根结底是青年学生自己的事。他曾担任湖南第一师范学友会体育部长，给同学提出三点建议：第一要持之以恒；第二要全神贯注；第三要有拙蛮精神。他本人率先垂范，青年时坚持洗冷水澡。有一年，学校连续病死了七名同学。毛泽东深感惋惜，曾写了一副挽联总结经验教训："为何死了七个同学，只因不习十分间操。"

清华大学有重视体育的传统，马约翰先生的贡献厥功至伟，他在清华长达五十二年的教学实践中，始终将"爱国精神养成、健全人格塑造、科学方法锻炼"作为体育教育的核心理念。为了让学生把体育重视起来，制定了十分严苛的达标规定，未通过"五项测验"者不能毕业，不能出国留学！据说这项规定实施后，没有一个学生能逃得过马约翰先生的法眼。

梁实秋的测试，跑步、爬绳、跳远几乎是拼了老命练习才勉强及格。可游泳一项对他而言实在是难上加难，考试时想打马虎眼，结果被先生抓住了。没办法只好咬牙继续练习，看着他笨拙的样子，吃力地游到终点，先生笑着说："好了，算你及格。"钱伟长刚入清华时，学校安排他到"体弱班"，并为他制订了专门的锻炼方案。钱伟长在大学期间从没停过一天运动，后来还成了清华著名中长跑运动员。几十年后，他说，正是因为马约翰先生的教导，他才能经得住人生的风雨。梁思成也曾回忆说：身为马约翰先生的好学生，"当年可是有名的足球健将，在全校运动会上得过跳高第一名，单双杠和爬绳的技巧也是呱呱叫的……我非常感谢马约翰。想当年如果没有一个好身体，怎么搞野外调查？在学校中单双杠和爬绳的训练，使我后来在测绘古建筑时，爬梁上柱攀登自如"。

1957年，清华大学时任校长蒋南翔提出"每天锻炼一小时，为祖国健康工作五十年"，这句话鼓舞着一代又一代清华学子开展体育运动的热情和毅力，直至今日。

如今，学校坚持立德树人、五育并举，这是落实党的教育方针、推动人的全面发展的重要途径。在中小学重视体育的同时，我们也要看到体育锻炼根本在青少年自身。身体是自己的，只要肯行动，谁也阻挡不了你的运动；只要肯坚持，每天课间跑几圈，也是健康的成长方式。那些新闻热点里的"脆皮大学生"，各种脆弱倒下的青少年，便是缺乏健康生活理念、不爱惜身体、极度缺乏运动导致的。他们人生的风景因为健康的丧失而褪色，幸福也没了依托。

独行兔曾经脚踏实地的学习时光，一度因身体状况处在危险的边缘。这让他很是警醒。因此，对于树立远大理想的青少年来说，方向很重要，过程努力也很重要，但更需要健康这个后盾做支撑。只有身心健康的学习生活，才能一步步走向更远的远方！

踏歌远行　筑梦未来

高旅桐

作者简介

高旅桐，清华大学经济管理学院 2021 级本科生，高中毕业于北京某重点高中，其间，获得"学校 2020 届优秀毕业生"荣誉称号。本科期间，在主修经济学的同时，也辅修了社会学。科研上，参与多个校内助研项目，在实践中逐步确立了学术的志向。

核心提示

在这篇文章中，高旅桐回顾了自己高中三年的求学经历。首先概述了她高中三年的学习生活主线，分别将这三年的主题归纳为高一的"广泛汲取，夯实基础"、高二的"提升短板，稳中求进"和高三的"稳住心态，全力冲刺"。此外，她还补充了许多其他的心得，包括选科的决定如何做出、短板学科如何补齐、自制力差的时候应该怎么办。高旅桐用自己的亲身经历和反思，为学弟学妹的高中学习提供了有价值的建议。

我来自清华大学经管学院，主修经济与金融专业，辅修社会学，很高兴能通过文字向大家分享我的高中求学经历。我高中毕业于北京市某重点高中，并于2020年参加了北京新高考。我的高中三年是跌宕起伏、有惊无险的三年。在下文中，我先大致介绍一下高中三年的成长轨迹，再深入每一年的具体经历展开分享。

高中的经历必然与高考这一最终目标息息相关。北京的高考制度自2017年起开始改革，我所参加的2020年高考是3+X模式，也就是除了语数英三科必选之外，你可以从史地政物化生中任选三门参加高考，剩下没选的三门，你需要通过"等级考试"来达到合格，这样才能顺利毕业。也就是说，我们高中学习的重心应当放在自己所选的科目上，但与此同时，不选的那三门也不能完全松懈。学校老师基于这样的高考模式和自己的教学经验，为我们设计的教学规划是：高一，全年级各班统一学习所有这九门科目；高二时，实行走班制，每个同学依照自己的选课进行学习；高三时重新固定班，备战高考。因此对我来说，高中阶段的经历其实大致就可以划分成高一、高二、高三这截然不同的三个阶段。

广泛汲取　夯实基础

我给高一阶段总结的关键词是：广泛汲取、夯实基础。

首先，谈谈"广泛汲取"。这里"广泛"的第一层含义，是在科目选择的层面上的。有些同学可能会觉得，有些科目我高考不选，那我为什么还要花时间精力去学它？我直接把那些科目的课堂时间、课后作业时间用来学我要选考的科目不就好了。我个人认为，在高一阶段，这种心态是不太可取的。从功利的角度而言，高中学校的一些资源往往是依照一次次的考试排名匹配给同学们的，而此时由于大家的选科都还没有正式确定，学校往往考察的是全科目的排名。因此，从高一开始的成绩很可能就决定了你能获得的一些有形或无形的资源与机会，并且这种差异也很可能导致"强者更强、弱者更弱"的马太效应。从短期发展的角度说，高一认真学习所有的科目，沉浸式体验各个科目的学习，有助于你更好地了解自己，从而能够很大程度上帮助你在正式选择参加高考的科目时，做出让自己不后悔的选择。从长远发展的角度说，高考选科仅仅是人生众多选择中很小的一个。高考之后，大家还面临大学专业选择、就业选择等一系列人生选择。在高中阶段认真学习这些科目，对于大家知识储备的丰富和全面发展很有益处，有助于大家在未来人生道路上，做出更多正确的选择。我在高一的时候，就采取了认真地对待所有科目的态度。政史地这三门，即使最后我没有选择它们参加高考，但现在回头看，对这些学科的认真学习，也让我得到了更全面的发展。

"广泛"的第二层含义就是，从我个人的经验出发，我认为不应该过早地关注哪些内容是高考重点、哪些是常考题型，然后把自己的精力聚焦在一些自认为更值得学习的内容上。我在高一的时候，其实对高考还没有建立起明确的概念。我基本上是从高三开始，才逐渐对高考具体的考查形式、侧重点等细节建立起完整的认知。在此之前，我只需要知道，高中三年的这些内容，全都属于高考考查的范围就够了。在高一的时候，我没有在学习内容上做过任何自作聪明的取舍，而是孜孜不倦地汲取，把课堂覆盖的每一个知识点都理解透彻。这种比较纯粹的学习态度，让我得以在高三等需要聚焦在重点上进行冲刺的阶段，有了厚积薄发的力量。

现在回头去看，我觉得高一阶段最重要的任务就是为高中三年的学习打下坚实的基础。这里的基础，不只是知识体系的基础，也是学习习惯和节奏的基础。我刚进入高中时，面对新的老师们和与初中不同的学习节奏也不太适应，但是经过高一一年的调整，我逐渐找到了自己的学习节奏，也完成了和这所高中的磨合。我认为在第一年的学习中，找到比较稳定的适合自己的节奏，对于后续高二、高三的持续发力，是至关重要的。

全面考虑　果断选择

很快，时间就来到了高二学年。但其实在正式进入高二之前，对我和我当时的同学们来说，还有一件很重要的事情，就是确定自己的高考选科。所以我想先和大家分享一下，在做出这个决策的过程中，我和我的父母进行了哪些考量。我当时其实面临一个取舍。一方面，我们学校虽说是实行走班制，允许同学们选择任意的选科组合。但当时保留了（包括我们班在内的）两个重点班没有拆，将这两个班作为"物化生"组合的选科班，并配给这两个班最好的老师。而这两个班是只出不进的，即你可以选择"物化生"以外的选科组合并从重点班中退出来，但这就意味着你不再拥有最好的师资和一些面向重点班同学的资源倾斜。而另一方面，仅从我的个人兴趣与擅长的角度来说，我的化学相对较差，而政史地学得非常好。不考虑学校因素的话，"物生地"或者"物生政"是最优选择。综上所述，我在选科的结点，其实面临着一个外部环境与个体自我的冲突。那我最终还是选择了留在重点班的"物化生"，后来的经历也证明了我的这个选择没有错。

我想跟大家分享一下我当时的思考。第一个考量是，认真比较究竟学校资源倾斜对我的学习效果影响大，还是刚刚提到的个人因素影响大。我当时觉得大概还是前者。就拿我最不擅长的化学来说，我仔细分析自己之前化学学科成绩不太好的原因，最终认为主要还是我对一些知识点和题型的掌握不够熟练，从而导致限时考试的时候容易发挥不稳。而这样的不足，我认为通过未来两年的大量练习和巩固应该能获得大幅度的提升。同时，继续留在重点班，师资与教学水平是完全处在我的掌控之外的。所以，我认为顺应学校的政策，留在师资较好的重点班，是收益更大的选项。另一个考量，类似于一个商学概念叫"转换成本"，即转换本身是有成本的。结合我的情况直观来说就是，原来的班里有我大部分的朋友、熟识的老师、已经适应了一年之久的学习节奏。而倘若我选择离开这个班，我需要重新适应一个新的集体，建立新的人际关系，适应新的教学节奏，在这个过程中我需要耗费的时间精力情感，甚至要面临的或许无法很好融入的风险，都是不可忽视的"转换成本"。我当时主要出于这两点因素，最终选择了"物化生"这个选科组合，然后正式进入了高二阶段。

提升短板 稳中求进

对我来说，高二的主线任务可以被总结为"提升短板、稳中求进"。正如前文所说，我最大的短板学科是化学。在高二阶段，我花了很多精力去提升自己对这个学科的掌握。具体采取的措施是，用抄书之类最笨的办法去巩固课本基础，同时积累错题、难题。总之高二的时候花了很多精力去补齐化学这块的短板，也经历过很多精神内耗的低谷，但所幸最终还是战胜了这个曾经很长一段时间里让我一筹莫展的学科。除了短板之外，其他的科目也不能松懈。我对那些已经摸索出了比较适合自己的学习方法的优势学科，进一步保持高一时认真的态度，最终平稳度过了高二阶段。

关于化学这个我最大的短板学科，我可以展开进行一些分享。在刚进入高中的时候，化学是我六门科目中学得最糟糕的一门。在其他科目能接近满分的时候，我的化学经常考出 70 多分这种年级中下游的成绩。我一开始很着急，就只能让自己更加勤奋。我当时觉得自己基础不够牢固，甚至会做出一字不漏地手抄课本这样的举动。但这份勤奋并没有让我的化学成绩提升多少，反而让我越发对化学学科产生畏难情绪。而且由于我如此勤奋成绩却还是上不去，我逐渐丧失自信，觉得自己是不是天生学不好化学。带着这样的心态，我的化学学习陷入恶性循环，越勤奋努力，成绩越差。我想勤奋应该是同学们在高中学习阶段，最常听到的教诲之一。老师们常说天才是 99% 的汗水加上 1% 的灵感。诚然，对于成绩的提高来说，勤奋一定是必不可少的。但我也要提醒大家注意，如果勤奋的方向错了，那后果可能反而更差。

后来，我逐渐意识到这样盲目的勤奋是有害的。后来我们细分析了一下自己化学考试中错误的原因，我发现错误的类型有很多，并不是所有的考试丢分都可以用简单的"勤奋"来解决的。我觉得，考试丢分的类型大致可以分成两类，即"不会"和"会但是做错了"。而"会但是做错了"的题目你还可以去再分类，有些是知识点你其实会，但是题不会做，也就是你并没有能够把知识和题目勾连起来，另一种可能是知识点你会、你也明白这个题在考这个知识点，但是鬼使神差地写错了，也就是我们常说的"粗心"做错了。仔细思考一下就会发现，所谓的勤奋大概只能有效解决"不会"的那种情况。而想要解决后两种，更多需要的还是大家认真地思考，总结题目考查的方式和自己会粗心的点。在明白了这些之后，我不再使用之前盲目刷题抄书的方式来给自己营造"好好学习"的假象自我安慰，而是开始把更多精力放在思考与总结上。在该花时间勤奋练习的时候选择勤奋，而在更多的时候积极思考，对症下药地解决自己面临的问题。自此以后，我的化学学习往往能够事半功倍，很快也取得了自己满意的成绩。

稳住心态　全力冲刺

接下来就是高三，我给我的高三阶段总结的关键词是"稳住心态，全力冲刺"。就我个人而言，我在进入高三之前，对知识的掌握已经基本扎实了，但是应试做题方面的技巧和能力还尚有欠缺。具体的表现是，我在考试的时候已经较少出现不会的题目，但是却常常面临写不完题、粗心做错等技术性问题。我在高三一年的学习中，主要专注在解决这些问题，提升自己应对考试的能力上。具体来说，我当时采取了两方面的措施。一方面是稳定自己的心态。高三的时候考试很密集，考试多的时候，有起起落落是难免的，而且学习压力也比较大，因此很容易心态不稳定。不稳定的心态，不仅会让平时的复习节奏被打乱，也有可能会影响到考试时的发挥。我自己稳定心态的方法就是，尽可能地让自己不要想那么多，踏实。另一方面就是要注重劳逸结合，找到一些有效的能让自己放松的事情去做。除了稳定心态，我觉得大量练习也是很重要的。高三一年，我花了很多时间在做题和改错上。这极大地提升了我的熟练度。经过高中三年层层递进的积累，在真正进入高考考场的时候，我发觉自己其实完全没有想象中的紧张，最终也相对平稳地完成了四天的考试，进入了理想的学府。

"天道酬勤，功到自成"，我经常用这句话安慰自己。我高三的时候，有时心情不好，觉得自己明明很努力了，但考试排名却一次比一次低的时候，就会用这句话来劝慰自己。有时候，我们不必对未来担忧太多，不用总是去想最坏的结局。我们把该做的事情都做了，成功总是水到渠成的。不用太急于求成地去想高考的时候我到底能不能获得我想要的结果，当你真的能力达到了那个水平，你自然会获得自己想要的结果。希望同学们都能"志笃行稳，功到自成"。祝福大家最终考入自己理想的学府。

阅读参考

"三步"走上学业新高点

对于高中生来说，学业似乎总是充满变数。这种变数主要受到个人身心状态变化以及高中科目选择的影响。于是总有高中毕业生留下些许遗憾：或是高考志愿填报不理想，或是选错了学科。高旅桐成功度过高中生活，最主要的就是有自己的三分法：高一"广泛汲取，夯实基础"，高二"提升短板，稳中求进"，高三"稳住心态，全力冲刺"。仅从学业角度考虑，这样的三步走确实能让高旅桐成功登顶。

高一是基础，打牢做人的根基比什么都重要。做人是做学问的前提，高中阶段尤其如此，特别是高一，是培养全面发展能力和提高综合素质的黄金时期。此时如果急功近利为高考而学可能会适得其反。不管是个人急于求成，还是家庭只看重学习成绩，也不管是老师受升学指标压力给学生层层加码，还是学校出于政绩考虑提早应对高考……都是不可取的。

在高旅桐看来，两个学生同读高中，一个一心高考从不读课外书，另一个综合发展且读了数十本好书，那么，常读书的学生精神世界一定更丰满，且培养了一个终身受益的好习惯，不读书的学生可能成绩更好但发展不可持续。

因此，高旅桐更看重素质教育和全面发展的高中生活。她建议中学生严格按照国家课程安排学业，所有课程一视同仁，不分主次，不分轻重，每一门都要尽全力学好，诸如信息技术等课程，因为它们都是高中学业必备的基础。

高二选科要立足长远而不是迁就高考。高中教育是通识教育，越晚文理分科越好。现实中，高二分科是服务于高考的一种选择，不可改变的情况应该尽量做好。高旅桐认为，首先是全面了解宏观信息，做好个人职业生涯规划，跟随内心的指引，而不是迁就高考；其次是明确与之配套的学业与素质要求；最后是寻找理想中的大学及专业。要知道想做什么，就要掌握大量相关信息，包括历史资料和前沿动态资料。信息收集越多，做出的选择越稳妥。接下来就是把与之配套的知识体系和智能架构列出来，以此作为选科的主要依据。

高三模拟考无关紧要，紧张之余加点餐。高三学业主线就是复习备考，主要对策就是跟着学校的节奏走。不过高三学段一轮接一轮的重复模拟考，难免有些单调枯燥。同时因为每次考试成绩和排名的变动，有些同学内心的不安和焦躁就会冒出来，甚至会因此自乱阵脚。

为一次偶发事件、一次常态化演练而分心，实在划不来。按照很多优秀学子的说法，除了6月7号、8号两天的高考外，其他考试统统无关紧要。把平时的考试看得越平淡，内心越淡定。一个强大的内心有助于思维亢奋，精神振奋。

高旅桐建议高三要适当加点餐，时常浏览一下报刊，一来可以调剂一下枯燥单一的模拟考；二来可以充充电，补充新知，关注科技前沿、产业动态、时政大事等，说不定也能为高考加分呢。

如此不紧不慢分步走，高中三年或许就能像高旅桐一样，顺利登上学业的新高点。

从青春起点到梦想舞台

晓　萌

作者简介

晓萌，清华大学电子工程系本科毕业生，清华大学教育研究院硕士在读。毕业于北京某著名中学。大学本科及研究生期间曾多次获得综合奖学金、参加校园文体比赛并获奖。曾任学生会副主席，具有丰富实习经历。曾多次参加各地支教，以及研学团的辅导宣讲。

核心提示

在追梦路上，她铭记自强不息、厚德载物和行胜于言的学校精神，将其融入血液，化为自己高中三年的具体细节和扎实行为，乃至终生的价值追求和行动指南，这是她成长、成功的重要原因，也应成为莘莘学子的永恒追求。

高中生活对我来说，是一段非常宝贵的回忆：操场上自由的风，教室里的静静书香……它代表着生命中永不褪色的青春与梦想，是人生中最珍贵的片段与财富。那段历程，不仅仅有成长和进步，还有挫折与失败，而每一个挫折与失败的背后，都隐藏着成长的机会和可能。

激励前行的高中精神

我的高中有三句座右铭。第一句是校训"自强不息，厚德载物"，这句话已经陪伴了我十年。自强不息具体指的是，君子处世，应像天一样，力求自我进步，刚毅坚卓，发愤图强，永不停息；在为人上，应如大地的气势般，厚实和顺，容载万物；对学习、对生活，应有坚强的意志和生生不息的精神。无论是高中生活，还是以后的人生之路，都充满着各种挫折与失败，需要每一个人从容面对，勇往直前。单论高中成绩，我也考过年级 200 名，甚至英语学科有一段时间每次考试成绩，都低于平均成绩 20 分。就连现在我的科研学术道路，也常常走走停停，没有效果。但自强不息的精神，遇到挫折，能激励我勇敢面对，大胆突破。而面对一时的成功，也能不骄不躁，超越自我。厚德载物是一种对人对己、对人生的宽容态度与道德修养，一个人学习工作上的成绩，或许能代表其社会意义上的成就与风光，但道德品性决定的则是生命的高度。

第二句话是"树立梦想，相信自己"。梦想是我心中的北极星，为我指明方向。现在的不少年轻人不乏对生活的锐气，但往往没有自己的梦想，缺乏远行的动力。对于我而言，从小就觉得周围优秀的人特别多，有时候我的成绩、爱好等都没有那么出彩。当别人问我想去哪儿上大学，未来想干什么，我都不好意思说（虽然我心里并不这么想，总想着自己可以更优秀）。有时候，我就觉得，很多机会、很多事情可能轮不到我，因而就错过了很多，但后来因缘际会，我明白了很多事理，也逐渐形成了自己的梦想。其实，每个人都很独特，也都很优秀，但最重要的是，要有自信，相信自己可以，然后大胆去做，大胆展示自己。对于现在的高中学弟学妹而言，还有太多的可能性，更应该大胆去想，因为梦想足够美好，才能激励自己奋勇前行。

第三句话是"行胜于言"，这也是清华大学的校风。行动胜于空谈，有梦想了，如果不去付诸努力与行动，就只是一通豪言壮语，毫无意义。雄鹰选择了迎风而上，便有了鹰击长空，翱翔九天；夏蝉选择了自鸣枝头，终碌碌无为。梦想是前进的动力源，是抵御诱惑的有力盾牌，而行动才是决定成功的直接因素。愿大家都能做到言必行，行必果。唯有如此，才能不光阴虚度，才能收获更好的未来。

高效学习的三个追问

我的高中学习生活与以下三个问题密不可分：

1. 时间总是不够用怎么办？

高中的知识又多又杂。初中学了一学期的内容，高中可能一节课就讲完了，节奏快了很多，难度也一下子上来了。学科的内容和学习的深度也有明显的变化。内容多了，对时间管理能力就有了更高的要求。然而，现实生活中，在做时间规划的时候，很多同学往往目标太大，无从下手。我觉得，时间规划可以从细节入手，比如，每天的学习如何安排，自习课的时间要完成哪些内容，每个科目要复习多久等。

当时，我有个备忘录，就是争取每一节自习都有明确的安排。比如，计划好哪些作业要在自习课上写完，哪些要在学校写完，哪些可以和同伴一起完成。特别在和大家一起完成时，会有点"竞速"的感觉。写完后，还可以互相核对答案，做错的、不会的题目，也可以及时纠正。有时候，中午自习写一会儿，晚上写一会儿，争取回家前把作业写完，回家后，就可以安排别的复习、预习任务或者其他学习内容。

有的优秀学生特别"卷"，经常下课都在写作业。我觉得，下课了，可以复习一下本节课的内容，为做作业做好准备，而不是"趁热打铁"写作业。

高中是一场长期又短暂的旅途，需要沉浸在学习的"心流"体验中。我的老师时常告诉我们，需要"坐好冷板凳"。面对考试，一定要有复习计划，比如期末提前一个月就开始复习总结，各科花多久，一定要有计划，防止临时抱佛脚。如果没有计划，就容易出现下面这种情况：某个学科复习三周，其他学科复习一天，使后面学科的复习效果大打折扣。

2. 知识太多了怎么办？

高中的知识点相比于初中又多又杂，但又彼此串联，形成体系。需要自己整理成框架，而这就需要提高知识的管理能力。我认为，提高知识管理能力，最重要的就是两个要素——思考和勤奋。

不管是学习新知，还是预习复习，都是一个思考的过程。比如，在整理总结的时候，一般都会画思维导图，总结核心思想、主干知识的时候，也要用到思维导图。而画思维导图需要有一个整体构思框架。有的同学的思维导图，可能也把知识点及其相关概念写上了，但就像目录一样，知识点之间没有体现关联。其实，好的思维导图，应该有不同颜色、重点、难点，以及知识的关联性。

知识与教材的关联性需要自己去思考总结，有的知识点之间并不是单向的承接关系，而是前后呼应，或者网状连接关系，更需要自己对其进行加工、反思，形成一个系统的知识金字塔，这就是融会贯通的能力。

有的同学画思维导图，只是为了应付差事，完成任务。就好比，拿石头盖房子，有人可能只是简单地堆在一起，还有人可能就是快交工了，才临时搭建个小棚子。与其这样，还不如不做。

在画思维导图的时候，有的同学觉得网上现成的导图相对齐全，思考比较到位，抄一份就好了，但实际上，面对同样的事情，每个人有不同的思维。对于相关知识的重点、难点，没有理解记住的部分，每个人都有差异——别人画得再好，都不如自己认真总结的有效。因此，在画图总结的时候，一定要体现自己的特点，有针对性地做好标记，这样才能在复习时少走许多弯路。

至于勤奋，则是指"笨鸟先飞"。有些同学可能平时偷懒，不注重复习，也不想总结。期末考试前，才从零开始。因而，第一天比别人慢一步，第二天再慢一步，久而久之，就慢了一大截。到头来，学习成绩不好，还会发出这样的感叹："为什么同样学习，别人就能学得好？"殊不知，自己成绩不好的祸根，早已在漫不经心的过程中埋下了。

高中时代是同学们的记忆巅峰阶段：背什么东西，记什么，都很快。但常言说，"好记性不如烂笔头"。我相信，这句话，任何时候都非常适用。靠一时的记忆力的后果是，过了一段时间后，自己当时明明弄清楚了，结果啥也不记得。

现在，网上有好多现成的资料，无论是思维导图还是知识总结，比如高中物理知识点大全、数学知识点大全，确实很省事，但如果在复习时，没有自己整理一遍，照搬网上资料的结果只能是，在眼前过了一遍，过去了就过去了，记得快，忘得也快。我觉得，搜集的资料可以作为完善思路的参考，最好不要直接抄写。一句话，学习必须亲力亲为，偷不得半点懒。否则，只会适得其反。

还有的同学对于一些抄写、默写、摘抄的作业，总会觉得麻烦，没有用："都背下来了，为什么还要抄？"虽然抄的时候有点麻烦，但其实，真正需要将这些知识派上用场的时候，才不会束手无策。如果十几年后，还背得出《桃花源记》，背得出"晋太元中武陵人捕鱼为业"，才叫真的弄懂了。而书中的道理和观念，更是一辈子的财富。

3. 怎样才能学得更好？

一是查漏补缺。一定要重视错题本，我们在初中时，就要求大家有错题本，这样到了高中，大家自己就会做。这个本，每个人有各自的习惯和不同的形式，但本质上都是一样的。开始时，是把错题抄下来，但后来觉得大题抄起来特别费时间，就把它剪下来贴上，甚至卷子都剪得破破烂烂。有的题可能没做错，但那个关键点很重要，下次没注意也会做错，因此也需要把笔记记在边上。老师讲试卷的时候，有些同学觉得自己没错，就不用听老师讲了，其实不然，因为有的"坑"可能这次侥幸没有跳进去，下次就不一定那么幸运，与其这样，不如权当听听"愚蠢的人类"是怎么错的。我通常在上习题课的时候，拿红笔或者自己喜欢的颜色的彩色笔，将笔记记在边上，易错点用单独的本子整理，然后将所有的卷子用文件袋整理好，考试前整体看一遍。当然，现在有高科技手段，可以不剪题了，拍照就能打印，为建立错题本提供了便利，但是不管用什么方式，有一个错题本非常重要。

二是要勤问！不会的、错了的，一定要问同学或者问老师。高中课间，经常有同学排着队找老师答疑。有的同学觉得，自己的问题是不是过于"愚蠢"，不好意思问老师。但其实是自己"想太多"，老师都很喜欢勤学好问的学生，对于经验丰富的老师，什么大风浪没见过。越是爱提问、会提问，越能体现思考过程，也越容易引起老师的重视。一般情况下，学校都有专门的答疑时间，如果发现答疑的时候，问同样一个内容的同学多了，老师还会上课时再讲一遍，确保大家都没问题。

提问并不那么容易，很多时候上完课，学完了知识，但是没有经过思考，没有内化，连问都不知道从何问起。我遇到过一个特别让人感动的老师，是清华大学的一个大班课的老师。有的老师上完课到点就走，但是这个老师不一样，每周自习课后，他都会留下来，为大家答疑，同学们都问完了，他才离开教室。由于习题课晚上九点下课，加上他教的我们那个班有两百多名学生，所以有时候，他答疑到十一点多。同样的问题，他可能讲了五六遍，如果有同学没有听到，他还会再讲一遍。当然，如果某个同学实在不好意思问老师，问同学也不错，因为这样做，不但能相互督促学习，还能加深友谊。如果你是被问的同学，也不要觉得浪费时间，或者认为不应该教自己的"竞争对手"，原因是给别人讲题的过程，也是自己复习的过程，而且不一定会做，就能讲出来、讲清楚，因此讲题比做题的要求更高，它需要彻底理解这个题的思路，再把它转化、表达出来。不但可以巩固知识，加深印象，还能理清思路，强化思考。在我的学习过程中，同伴互助帮了很多忙。可能是适应相对较慢的缘故吧，我每个新的学习阶段的第一学期的成绩都不太好。高一初到新环境，大家不认识，我遇到问题就喜欢自己琢磨，结果琢磨半天似懂非懂。但进入高二后，我逐渐适应过来，成绩才越来越好，逐渐从年级 200 名到前 30 名再到前 10 名。之所以能快速提高，最重要的是因为我逐渐学会了和同学一块商量讨论，互相纠正，共同提高。

三是要积累。学习非一日之功，尤其是语文、英语两个学科。个人的经历、阅读量、词汇量，都对提高成绩大有裨益，并在未来漫长的人生道路上伴随我们成长。所以，不论再忙，都需要抽出时间读书。我中学作文还不错，就是得益于从小爱看书，积累比较多，因而写作文时，总能引经据典，总能在记忆中搜寻到一些有用的东西来支撑、丰富我的文章。而且，丰富的阅读量和积累，也会使自己更加通透、豁达。它带来的不仅是成绩上的收获，更是生命的富足。呈鲜明对比的是，我的英语就不太好，败也败在没有积累上了。因为我不太爱背单词，总是想着今天先拖一拖，以后有空再记忆，或者有整块时间了再记忆，总以为，什么时候开始都来得及。甚至别人都记了几千单词了，我还没有开始……而且总是今天错一两个，明天错一两个，久而久之，就落后了很多。特别是，高中英语老师经常要求读一些外文书原著，我经常读不完，就是因为自己的词汇量不够，读原著或者精简版原著，需要花费大量时间查词典。就这样，这次差一点，下次再差一点，导致英语水平很一般。因此，积累这件事就在每一个朝夕，今天多一点努力，明天就多一点收获。一句话，努力积累，从"今天"开始！

面对焦虑的正确态度

高中是耕耘的季节，也是奋斗的季节。在这个季节，和知识同样重要的，是有一个良好的心态。

保持良好心态，关键是要学会不畏难、不服输。比如，英语学科，我总觉得自己考不好，就算选了正确答案，有时候也能改错，但我就是不服输，非得把英语学好不可。因此，虽然我的英语成绩不是太好，但也没有影响目标的实现。还有，很多女同学对理科有畏难情绪，因为总有人说女孩子学理科更难、学计算机不行，但实际上根本没有这回事儿。很多男生也学不好数学和物理，也有很多男生文科学得非常棒，所以学科的难度与性别无关，女同学不能见了理科"未战先怯"。除了语文，我这个女生考得最好的学科是数学，然后是物理、化学、生物，最后才是英语，完全没有文理科差异。唯一可能的差异，就是女生比男生会更焦虑。其实，焦虑不可怕，适度的焦虑可以使人精神集中。可怕的是过度焦虑，因为过度焦虑会造成不良影响，比如，有人一遇到考试，就紧张、焦虑，平时会的只能考出来八成。有人考试前压力很大，吃不下饭，晚上失眠。也有一些学习特别好，对自己要求高、特别上进的同学，考完试就急得想哭。实际上，高中不止一场考试，这次考试失利，不代表着下次也会失利，更不会从此就"完了"。只要每次考试完后，认真"复盘"总结，反思"失利"原因，做到再接再厉，就会变得越来越优秀！

现在，很多同学都非常焦虑，有的同学甚至觉得"活着没什么意思"，因此调节压力，放平心态，非常重要。如果感觉自己有困难，有问题，一定要及时寻求帮助。

不少家长、老师认为"中学生的难是很小的事，大人的世界才更困难"。大人们可能觉得，"你们中学生，每天都好吃好喝的了，还不用工作，能有什么压力"。其实，中学生的世界有自己的困难，他们也许没有那么复杂，相对单一，但是单一的世界里，最重要的事一旦出现挫折，可能就是全部世界都受到了打击。何况，有的学生身上压着几代人的努力和希望，更是异常辛苦，家长和老师未必完全理解。在我看来，只要在关键时候加加油，辛苦一段时间，必能收获更丰富精彩的世界。而且，当自己觉得不开心的时候，也可以多和同伴聊聊，和值得信赖的人聊聊。当然，来自家长、老师和社会的理解和支持，对每个中学生都很重要。

其实，人生不止一个赛道，每个人都有各自擅长的事情与不那么擅长的事情。比如，进入大学以后，有人可能热爱学术，一心科研；有人可能很喜欢社会工作，乐于助人；有人志愿做得很好，还有人可能会创业……世界那么大，有很多美好的事情值得去探索，何必那么焦虑。

最后，送给大家一句话：希望你们能像欣赏晚霞一样欣赏自己、欣赏每一件事。生活中有很多闪着光芒的碎片，有很多美好与幸福的时刻，而这些碎片与时光终将成为生命中最珍贵的回忆，并将成为支持我们前行的强大力量。

有效提问：高效学习捷径

学习时做一个喜欢提问的人，似乎并不难，但这种权利似乎总是发生在普通学生身上，因为他们会遇到许多不会或者不懂的知识，因而向老师请教——这也是人们普遍提倡的学习之道。

那些学业优异的学子，往往通过自己的钻研就能解决问题，甚至很多人认为，优秀学生不会出现基础知识不扎实的情况，求人不如求己，这也是那些优秀学生信奉的准则，毕竟，他们只要提问，常常也会难倒老师。

与晓萌的视角不同，那些下课追着老师问个没完的学生，未必是好学，也可能是图省事——不经过深度思考就寻求帮助，反而是懒的表现；真正的好问题，是能激发同伴或者老师深入思考的突破口，是能打开学科学习新境界的通道。

所以，善问比常问更有意义，也是众多优秀学子走向高效学习的捷径。

善问，就是要向不同对象发问，问出高质量需求，问出多维度发展路径。这是晓萌的经验之谈。

问自己，就是不放弃向深处探索的可能性。很多学子都有这样的经历，解题的思路、概念与观点的影子就在脑子里打转转，可就是话到嘴边说不出，隐隐约约知道答案是什么，可就是表述不清楚，回答不完整。这时候需要的不是向他人求救，而是自己再加一把力，换一种视角继续开动脑筋、深入探究。问自己最好的习惯是，定期复盘，给知识打包，用自己的语言把知识系统组织起来，建立知识概念图。

问书本，就是选择最便利的老师。遇到问题翻阅课本或者查阅课外参考书再常见不过了，关键是要找到好书，这方面可以请科任老师推荐。问书本的好处显而易见，比问老师更方便，随时随手就能问，且问的过程也是整理思路、深入探究的过程。

问老师，就是要以朋友心态平等对话。可以采取双向互动的方式，边问边探讨、边问边质疑，绝不限于老师讲学生听，而是要设法通过追问扩大提问的"战果"。聪明的同学借机与老师建立起共同的学科兴趣，不仅增长了见识，还加深了感情。曾经，上海市控江中学的朱静雯在老师面前总是很拘束，自从她开始学会以高质量问题同老师探讨，师生关系很快转变，在平等交流的状态下，老师先是对她的课题进行悉心指导，后来索性邀她一起合作了另一个课题。再后来，师生俩一起走进社区工作坊，合作进行文创设计……正是这一"问"，问出了师生的精神共振，朱静雯也问出了一个全新的自我。

问同学，就是要有不耻下问的胸襟。同学之间，有问有答、有来有往，双向互动、共同成长。既能问出异同，也能问出新知，同时还能收获友情。聊天就是同学间很好的互动方式，食堂取餐等候、回宿舍的路上，或餐后一起在校园散步，都是问同学的好机会，只是要把主题定好，学习研讨无处不在。

问父母，就是无条件的爱的沟通。有一段世界最催泪的父子对话，说的是，一对父子坐在一张长椅上，老年痴呆的父亲冲着一旁看书的中年儿子，指着不远处草坪上的一只麻雀问：那是什么？连问了四遍，到最后一遍的时候，儿子再也忍不住了，暴跳如雷地冲着父亲喊道：那是一只麻雀！这时只见父亲缓慢地站起身，从口袋里掏出一个日记本，翻开一页递到儿子手上。日记里写着：七岁的儿子用小手指着一只麻雀，问爸爸那是什么，儿子一连问了二十一遍，每一次父亲都是和颜悦色地回答儿子。看到这里，儿子羞愧地转身给年迈的父亲一个深情的拥抱。父母是天底下最贴心、性价比最高的老师，不向他们提问，实在是可惜了。

问软件，就是利用好新科技智能工具。智能时代，学习时自然也需要向 ChatGPT、文心一言以及其他智能软件靠近，这些现代化智能工具越早学会使用越好。

第二部分　学科精术

破解高效密码

语文：走近冰山美人

熊立铭

核心提示

　　语文是高考的第　个科目，其重要性不言而喻。然而很多同学却找不到语文的学习方法，以至于放弃。语文学习究竟有没有方法，有什么方法呢？语文究竟考查什么能力？作者将语文比喻成冰山美人、冷宫皇后和大家闺秀，用深入浅出的语言和例子，告诉大家：语文究竟学什么？

　　语文这个科目有多重要，大家都很清楚，但是为什么大家花在语文上的时间还是那么少呢？大概是因为很多人觉得，语文特别难学，找不到什么方法，既然没有方法，学了也是白学。如果我们将学语文比喻成谈恋爱，大概就是虽然我很爱语文，但是语文不爱我。然而，其实语文她并不是不爱你，而是你对她的耐心还不够。她仿佛是被关在冷宫的皇后，地位高，却备受冷落。那么，语文到底喜欢怎样的人？语文到底考查怎样的能力？我们要怎样才能追上这个高冷的美人？我们有些什么样的技巧，可以利用怎样的一些资料来做我们的僚机去助攻呢？

冷宫皇后：我们为什么要学语文

大家应该都知道数学上常用的均值不等式 $a+b \geq 2\sqrt{ab}$，那么它的取等条件是什么呢？是 $a=b$。为什么是两者相等呢？大家可以尝试将 a 和 b 交换位置，会发现式子和原来一模一样。这在数学上叫作轮换式，而轮换的不等式一般来说取等条件就是两个元素相等。关于均值不等式也有一个口诀，叫作"和定积最大"。如果两个元素和是一定的，那么乘积在两者相等的时候有最大值。

这跟语文有什么关系呢？试问大家，有什么东西是可以加和，且和一定的呢？特别地，每个人在这个东西上的和都是一定的。

想必大家已经知道了，这就是时间，或者更准确地说，每天的时间。每个人每天都有二十四个小时。上天不会因为你努力而多给你一分钟，也不会因为你偷懒而少给你一分钟。在时间一定的情况下，我们在两件事上的时间分配导出的效果，可以看作乘积。为什么是乘积呢？因为很多时候，生活中的各件事是相互影响的，人的各种能力间也是相互影响的。所谓"木桶原理"，讲的就是最短板、最差的一个要素会决定整体的能力。那么如果你有一定量的木板，要得到一个容量最大的木桶，最好让各个木板都一样长。当然，生活中并不是所有事情都需要平均结果才最大。但是对于考试来说，如果两个科目分数一样、对你来说难度相当，而你的时间是一定的，那么最好的办法就是为两个科目分配相同的时间。

在更多的时候，科目的分数不等，难度也不等。那这个时候怎么办呢？均值不等式的题目有一种很常见的变形是改变右边式子中 a 和 b 的幂值。在多数情况下，取等条件会是幂值更大的元素有更大的值。幂值更大，其实就是重要性更高，对应着分数更高、难度更大，所以你也应该分配更多的时间。

我在暑校时发过一个简单的调研问卷。全国几乎最优秀的三千高中生中，课堂之外大部分每天在数学上花一两个小时的时间，而在语文上却只花十五分钟。同时大家数学大多能考到 140 分以上，而语文 120 分以上的则少了许多。但语文和数学从来分数相等，对大多数人来说，语文分数远低于数学。那为何数学分配这么多的时间，而对语文却不屑一顾呢？有很多同学说语文很难，学习见效慢，找不到合适的方法。也不是觉得语文不重要，但还是在数学和语文二者之间，选择了在数学上花更多的时间。这就像，大家都认为语文有着倾国倾城的容貌，但很高冷，不好追，干脆不追了。所以我把语文叫作冰山美人。

一些同学曾经在问卷里写学习语文的感受："无法直观转化为考试分数，学习了两年，但是没有太大的提升。"就好像是你见到了一个非常非常优秀的人，你想去追她，但是你却没有方法。你找到了方法之后，追了她很久，但她却完全不理你，最后你放弃了，她也变成了你心中的白月光。

语文，作为一个重要的科目，我不希望她让大家觉得不知道怎样学习，虽然很努力，但却看不到进步，最终放弃，成为木桶效应当中的那个短板。有同学说，自己非常羡慕能够考到 146 分的人。说实话，我以前也不相信语文能够考到 130 分以上，直到 2017 年的时候，我看到北京的文科状元，语文 148 分，仅仅作文扣了 2 分。当时我才知道，原来语文也是可以提分的。有人会觉得语文很高冷，甚至会觉得她是生活在树上、不近人间的人。但真的是这样吗？其实，语文是一个大家闺秀，她只是底蕴比较深厚，不轻易向大家表达自己的爱。她博大精深，包罗万象。语文什么都考，却仿佛又什么都不考。有人说语文考试的试卷和教材的内容是脱节的，这是因为大家没有读懂她的话。语文看中的是大家的真才实学，是语文的能力，她是在试探我们如何才能俘获她的芳心。

有很多的同学说学习语文见效非常慢。这有可能是阈值和区间的问题。如果按照选择题的分数来计算，数学的每一个分数区间或者说是台阶可能就是5分；与之相比，语文的区间可能就有10分之多，上这样一个台阶很难，但是在上了这个台阶之后，也很难掉下去。因为语文是一个考查能力的学科，一旦你的能力上了一个台阶，在各个类型的题上都会有所体现。

说一千道一万，都是为了让大家重视语文。重视是进步的开始，重视要用实打实的时间来体现。

心之所属：我们怎样学语文

那到底应该如何学习语文，如何向她展示我们的能力、我们对她的"爱"呢？或者说，语文到底喜欢怎样的人呢？是高富帅吗？不是，她其实只是喜欢踏实的人、真心的人、懂她的人。具体来说，语文考查的也只有四个方面：应用能力、分析能力、鉴赏能力和表达能力。

第一个是应用能力。

应用是最简单的基础，这是我们敲开语文的门最重要的一部分。我们说练武功第一步要扎马步，其实就是需要踏实。我想问大家，语文的必备古诗词、考纲的实词虚词，你真的都搞定了吗？你知道病句的八种类型是什么吗？你的作文素材积累了多少？你的成语又知道多少？千里之堤，溃于蚁穴。基础不牢，地动山摇。有同学会问我，有没有什么高效积累高考语文背诵知识的方法。其实在我看来没有什么捷径，只能靠着日积月累。当你追你的女神的时候，我们常说陪伴是最长情的告白。如果你愿意在接下来的每一天都给你的语文多一点时间，我相信她不会辜负你。她不是喜欢高富帅，只是喜欢踏实、勤奋、负责任的人。一个可以参考的时间是，每天背诵默写花 15—20 分钟，文言实词花 10—15 分钟。我以前每天在去教室之前，走在路上的时候，就会选一篇课文背 10 分钟，然后到教室之后再花 5 分钟在脑子里默背，再找到这当中比较容易错的字和比较重点的句式写下来。这样，每天 15—20 分钟，大概两周就可以过一遍所有的必备诗词。高考之前每两周都过一遍，我相信高考的时候你一定不会有任何压力，并且这些还可以作为你的作文素材用在作文当中。文言实词同理，每天花 10—15 分钟，可以参考教辅上的意思解释。当然，每个意思都知道会比较费劲，一般来说掌握常用的就好。一些同学说考试总是考查很偏的意思，其实不然。有时是可以从文章中推测，而有时则是这确实是常用意思，而大家看得太少。另一个学习文言实词的方法是找到实词在成语当中的应用，比如说"屡试不爽"当中的"爽"是"错"的意思。这是一个非常好的记忆的方法。

有同学问我，怎样平衡名著阅读和练题的矛盾？这也是我当时会遇到的问题。我的老师给的建议是高一、高二多读书，高三多练题。在临近高考的最后一年，一定是练题为主，阅读为辅。爱迪生说天才就是 1% 的灵感加 99% 的汗水。其实在高考的最后阶段，就是 1% 的阅读语感加 99% 的练题。人们大多知道这句话，却不知道这句话还有后半句——而这 1% 的灵感远比那 99% 的汗水重要。如何获得 1% 的语感呢？阅读。希望大家不要因为忙碌就放弃了每天 5—10 分钟的阅读时间。时间比较紧张，一定要读经典。我推荐大家去看茅盾文学奖的一些经典的文本。

第二个是分析能力——读懂她的话。对语文而言，就是明白题目和阅读素材为何如此。而我的方法叫作"解构法"。

通过解构，我们能知道出题人的意图。所有的高考语文卷子上的篇目都是被删改过的，留下这些内容的原因尤为重要。无论是论述文、实用类小说、散文、文言文还是诗歌，所有的文本，甚至是作文题和阅读的答案，我们都可以用解构的方法去分析它们。什么是解构？分层分段、概括大意，以梳理它的结构。从小学语文开始，我们就在学习分层分段、概括大意。怎么解构呢？我们来看一个例子，全国二卷2018年的作文题目：

> "二战"期间，为了加强对战机的防护，英美军方调查了作战后幸存飞机上弹痕的分布，决定哪里弹痕多就加强哪里，然而统计学家沃德力排众议，指出更应该注意弹痕少的部位，因为这些部位受到重创的战机，很难有机会返航，而这部分数据被忽略了。事实证明，沃德是正确的。

它一度被评为当年最难分析题意的一篇作文，有很多的人都写偏题了。当时第一次看到这个作文题的时候，我也蒙了，它想让我们写什么？要特立独行吗？还是要不走寻常路？

我们来分析一下。事件的背景很清晰，"二战"期间为了加强对战机的防护，军方调查了作战后幸存飞机上弹痕的分布。关键在于观点的分歧，军方认为哪里弹痕多就加强哪里，而统计学家沃德认为该注意弹痕少的部位。结果是沃德对了。为什么呢？因为那些所谓弹痕少的部位受到重创的战机，很难有机会返航，而这部分数据被军方忽略了。

如果你知道幸存者偏差，很快就能看出来如何立意。但如果你不知道，你也能看出题干材料的重点是军方和沃德的分歧。那你可以分析他们为什么会有这样的分歧，矛盾是如何解决的。当你真正地把它分析出来的时候，就算你没有找到幸存者偏差，也至少不会偏题太多。

阅读题同理。其实很多时候答案的划分来自篇章的划分。一个层次里一个点，如果你的两个点在一个层次中，那么也只有一点的得分。在很长一段时间里，我答阅读题总是漏点。而我在高三后期做了这样的工作之后，我就再也不担心会答漏点。也许我的答案跟标准不完全一样，但是我一定是在正确的区间之内。分层作答和分层分析以及分点作答其实是联系在一起的。

第三个是鉴赏能力。这是在教你如何发现她的美。

开个玩笑说，大家以后谈恋爱，女生如果花心思打扮，多半会问你她今天有什么不同。篇章鉴赏是一样的。就是要发现这篇文章和其他文章不同在哪里。而我叫它"陌生化"。

古往今来，文章千千万。作者为了更好地表达自己的观点感情，总是会用些方法。无论是文章和别的文章不同，还是人物和别的人物不同，或者某处描写和别的描写不同，都是作者的设计。如果你能注意到作者的设计，分析出他设计的原因，就像你注意到女生打扮中今天和昨天不同之处、她和别人不同之处，而且明白她的小心思在哪里，那么你也就读懂了她的美。

大家平时也会学系统化的分析方法或者答题模板，比如说内容、手法、效果，其实就是写了什么，是怎么写的，有怎么样的效果。模板当然是有用的，但是生搬硬套或者一直靠模板，语文很难拿到高分。这就像是你总是用套话夸人，当然能让人开心，但是他也很难非常开心。如果你夸得很具体，夸到了他的心思上，那他一定开心得不得了。夸人要具体，答题也要具体。这是只用模板做不到的，还是要结合文章。此外，模板就像是学步车。刚开始走路要借助学步车，要想走得好还是要自己走。学到后期，大家的鉴赏能力比较强的时候，要大胆地丢掉模板，或者化模板为无形，甚至是用"直觉""语感"做题。

我节选了我高考时语文阅读题的一个片段：

> 天色好晴朗。水田还没有栽上秧子，但苞谷已长得十分青葱，初夏的山野，透露着旺盛的生命力，叫人沉醉不已。碎石的马路拐弯了，爬坡了，又拐弯了，又爬坡了。不时有布谷在

啼叫，车上的人似乎打起盹来了。

笑颜使气氛松动起来。三只白鹤高高飞过，不慌不忙扇动着长长的翅膀，在蓝天里显得又白又亮……

路转了一个大弯——在一座杉树土岗前好像到了尽头，接着又一下子在马车前重新展现出来，一直延伸到老远的山垭口……

路旁出现了一条水沟，水欢快地流淌着，发出叫人喜悦的响声……

越近梨花屯，地势就越平坦，心里也越舒畅。

坝子上水田一块接着一块，已经犁过了。带着铧印的泥土静静地横陈着，吸收着阳光，像刚切开的梨子一样新鲜，透着沁人心脾的气息……

啊，前面，杂树的碧绿和砖瓦的青灰看得见了。是的，梨花屯就要到了！

——《走，到梨花屯去》

大家能很明显地看到这里几乎全是环境描写。做过这篇文章的同学会知道，里面有一个分析题，就是它的环境描写有什么样的作用。我在看这篇文章还没有看到题的时候，就觉得这些环境描写一定有作用。高考的文章是严格控制字数的。它为了让你在3—5分钟内读完，整篇文章的长度也就1000—1500字。那么在这样一篇短短的文章中，它为什么要插入这么多的环境描写，这难道还不是它最特别的地方吗？注释中还提到了文章写于1979年。很容易就联想到改革开放。这也是名著阅读的作用之一。你之前了解到的所有的历史知识，你对社会的观察，你对生活的体验，都会是你学习语文、做语文题的素材。所以我说语文什么都考，又什么都不考，她考的是你这个人，她看的是你的心，到底爱不爱语文。

有些同学说自己真的是没有基础，要从头开始补填坑；然而，如果你真的爱她，时时刻刻都是可以补的。

最后一个是表达能力。

作文怎么凑够 800 字可能是很多同学的难题。我做题很慢，每次最多只能留出 50 分钟，甚至经常只能留出 30 分钟来写作文，常常几乎要写不完。但是在最后一段时间快高考的时候，我 30 分钟可以写完一篇作文。如何在这么短的时间里写一篇文章？要靠平时的积累。我叫它胸中有墨水。我们来看看这一篇《生活在树上》。

> 现代社会以海德格尔的一句"一切实践传统都已经瓦解完了"为嚆矢。滥觞于家庭与社会传统的期望正失去它们的借鉴意义。但面对看似无垠的未来天空，我想循卡尔维诺"树上的男爵"的生活好过过早地振翮。
>
> ——《生活在树上》

这个地方有两个引用，一个是海德格尔，一个是卡尔维诺。你会发现这一段话只有"面对看似无垠的未来天空"这一点是他自己写的。写作文就像建房子，"积木式"建造最快，无须我们从砍树开始一步一步建造，我们只需要把它搭起来。如何收集这些素材呢？其实生活中处处是素材，比如教材、比如必背古诗词、比如名人名言、比如神话传说。我们来举个例子，家国担当的主题，课文中有周恩来的"为中华之崛起而读书"，诗词中有林则徐的"苟利国家生死以，岂因祸福避趋之"、文天祥的"人生自古谁无死，留取丹心照汗青"。素材不在多，而在用得灵活贴合。大家可以一个素材用多次、用在多个主题上。时间久了，对素材的理解也会更加深刻。

另一个方法与鉴赏是一样的，就是陌生化。作家们用的方法我们也能用。《生活在树上》用了好几个陌生词汇，例如"噙矢""滥觞"，让人有些读不懂，但觉得表达很高级。那必须要用这么生僻的词汇吗？其实不然。让我们看看《人民日报》的评论文章《有个体意识，也要有全局观念》。

> 不要总让"个体"与"全局"彼此排斥、互相追尾，不要总将对"全局"的考量，放在"个体"的对立面上。标签盛行的地方，理性容易枯萎；思维陷入绝对时，真理即成谬误。如果说，个体意识和权利意识的觉醒，只是公民意识成熟的第一步，那么让这个社会变得更好，还需要每一个人更多秉持目光四射的全局观念，更多承担力所能及的社会责任。
>
> ——《有个体意识，也要有全局观念》

这里面的追尾、枯萎、谬误、觉醒，大家在平时说话的时候会用这些词吗？很少。你会发现同样是陌生的词，我们仍然能够听懂，仍然觉得它的表述很高级，不愧是《人民日报》，值得大家学习。

写作文，文采重要，逻辑思维也很重要。第三个方法是用好"辩证法"。辩证法是马克思主义哲学很精髓的部分。著名歌曲《国家》中的歌词"家是最小国，国是千万家""有了强的国，才有富的家"就是辩证法很好的例子。而运用辩证法一个很好的逻辑工具是马克思主义哲学三大定律，即对立统一规律、量变质变规律和否定之否定规律。前文的《有个体意识，也要有全局观念》，标题就是很好的对立统一规律的体现。具体内容大家可以自行学习体会，用得多了，也就熟了。

工具不在于你会多少，而在于你能够用得多精。大家可以多看看《人民日报》，把里面的文章详细地分段，看它是怎么去论述自己的论点。在分析3—5篇之后，模仿学习，你的作文定能增色不少。

追击攻略：我们可以利用的技巧和工具

在语文考试上，有一些技巧还是可以用上的。

首先是合理的时间安排。语文试卷150分，考试150分钟。理论上，一分钟要做一分的题。实践时可以在这个基础上调整。其次是安排好答题顺序，先易后难。一种方法是你可以做到哪一个不会，就跳过去先做其他的，再回来做。也可以在多次的实践之后，知道哪些题型是比较会做的，哪些题型是不太会的。在多次的反复做题之后，你就知道自己的做题顺序是什么了。此外，一定要非常熟悉每一个题在哪一个位置。我的顺序是先做默写，再去写语言运用、论述文，然后是实用类文本、小说散文、古诗文，一般最后是作文，大家可以根据自己的情况来调整一下。特别是语文新高考将简单的默写和语言运用都放到了中后部，有明确的答题顺序就更加重要了。先易后难不仅能够最大程度利用时间，也能让自己逐渐进入状态。

接着是考前演练。我习惯在考前写下考试的注意事项，不能太多，最多四点。进考场前看一遍，坐在位置上想一遍，在脑子里想象一遍考试的场景。在答题卡发下来之后，可以做的事情就非常多了。考前的这段时间相当于给了自己一个机会去熟悉试卷的结构，规划考试的节奏，也避免把a题的答案写在b题上面。

最后是考后复盘。考试是一次筛选，也是一次检测。很多的问题，也只有考试时才能暴露出来。做好复盘，将错题进行归纳，能够事半功倍。很多同学认为错题归纳比较适合在理科用，但是我觉得语文一样是可以用的。不管是默写还是文言文，甚至是小说散文阅读，你都可以把相同类型的题放在一起。除了按题型归纳，你也可以按照做错的原因归纳。比如说这道题我是不是理解错了题意，那道题我是不是给文章分段分错了，我是不是术语不准确？当你用这样的方法归纳之后，其实是一本万利、事半功倍的。

作答规范上，希望大家能做到分点作答、总分作答、术语作答和工整作答。总分作答就是先有一个大的论点，然后再往下拆分小论点。想象一下，如果有一篇答卷高考阅卷老师看到开头就不错，观点清晰，他就会觉得，这个同学一定是认真学了语文的。后面即使有些不是很对的答案，扣分也少。因此总分作答是非常非常重要的。术语作答还有工整作答，都是为了方便老师改卷。总之要相信，善待阅卷老师，他也会善待你。

最后推荐一些我用过的资料。《白门柳》是我在高三的时候看的长篇小说，也是茅盾文学奖的获奖作品。我在这本书里面学到了很多的成语，还有里面的语言和人物的描写，都让我受益匪浅。这里还有个小故事。有一次我晚上不想学习，就看《白门柳》，大概看了不到一个小时。第二天有一个语文周测，我做选择题从来没有全对过，那一次却很轻松全对了。语感是一个很神奇的东西。《史记》也是一本很好的书。高考很多的传记还有文言文都是从《史记》这样的经典文本里面选出来的。大家如果有时间的话，可以去细细地读一读，说不定就会看到出题的原文。当然，多次提到过的《人民日报》也是大家学习语文的好帮手。

总之，语文不是冰山美人，倾国天姿，拒人千里之外，而是大家闺秀，底蕴深厚，藏身高阁之中。"君若不离，我便不弃"，只要大家能扎好马步，做一个踏实的、懂她的人，语文也一定不会辜负大家！

用时用心追"美人"　提升"四力"学语文

　　语文似乎是最好学的一门学科，容易上手，因为每个人生来都会牙牙学语。可就是有一条：想学好语文却很难，尤其想在高考时获胜更是难上加难。因此，熊立铭把语文比作"冰山美人"。然而，很多同学并没有认识到这一点，以为语文就是近在咫尺的"美人"，只要略施小计，便唾手可得。殊不知，语文这位矜持冷峻的"冰山美人"，就是迟迟不肯就范。很多同学直至走出高考考场都没有弄清楚，迟迟得不了手的个中缘由。熊立铭无疑是学语文的"情场高手"，深谙追"冰山美人"的真谛：时间要给足，心力要用足，牢牢抓住"四力"，才能学好语文，把"冰山美人"追到手。

　　熊立铭用了很大篇幅谈论如何正确对待学时分配，看得出她为此颇费了一番口舌，可谓用心良苦，无非是担忧大家不明白其中的道理。的确，这个世界上有两样东西，对所有人都是公道的，那就是时间和付出。简单地说就是，用时越多付出越多，回报也越多，任何人都逃不出这个铁律。其实，仔细分析不难发现，语文上手容易，被很多同学误以为学好也不难，因此在战略上犯了轻敌的错误，战术安排最大的败笔就是把原本应该用于学语文的时间，拿来学其他科目或者干别的事了。

　　充足的时间是学好任何一门功课的基本前提，何况语文更是需要花费最多时间的学科，国家课程纲要里，语文被赋予最多学时。语文不是刻意要做深藏后宫的"美人皇后"，正如熊立铭所说："其实，语文是一个大家闺秀，她只是底蕴比较深厚，不轻易向大家表达自己的爱。她博大精深，包罗万象。语文什么都考，却仿佛又什么都不考。"因此，要"俘获"语文的"芳心"，必须拿出足够多的时间，持续不断地阅读、思考与写作，积累丰厚的人文素养。

熊立铭提到的学好语文的"四力"，其实就是学好语文最该具备的四大能力。

一是应用能力，从大胆张嘴勤说苦练做起。虽说人人天生都能说话，但是，要在同龄人中说得早、说得好，则要靠后天的学习和练习。不可否认，部分人天生有好的语言基因，能言善辩，喜欢在人群中讲故事、话幽默、逗乐子，结果常常是越说越起劲，听众也听得舒服。这给我们一个重要启示：学语言就是要勤开口、多练习。李阳英语之所以定义为疯狂英语，就是疯狂地张口，疯狂地言说。凤凰卫视名嘴窦文涛的语言能力，据说是从小练出来的。孔融十岁那年随父亲来京城洛阳会客，到主人家后，李膺问小孔融："你和我有什么关系？"孔融回答道："我的祖先和你家祖先有师资之尊，因此，我和你是世交！"据说，这事后来传到了太中大夫陈韪那里，有一次当着李膺的面，陈韪冲着孔融试探地说道："小时候聪明，长大后就不一定聪明。"孔融的嘴巴回得很快："那么您小时候一定很聪明吧？"在场的李膺不禁发出感叹："这娃娃将来肯定能成大器。"孔融丝毫不惧怕大人的问话，而且回答得十分巧妙。敢说才能会说，会说才能能言善辩。当然，应用能力并非仅仅体现在口语表达上。

二是分析能力，既要看到树木，更要看到森林。中学语文教学最普遍的做法就是课文分析，用熊立铭的话说，其窍门就是用"解构法"读懂原作。这有利于牢记基础知识，但也容易跌入只见树木不见森林的"陷阱"——钻进文章的字里行间往细里抠，思维就会深陷狭窄的洞穴，迷失了作品的宏观背景和宏大叙事。因此，分析文章并非越细越好，而是适可而止。课上来不及，课后就要参阅其他资料，对课文做一个逆向复盘，客串一回作者，从主旨大意、文章结构、写作手法等方面重新设计一套创作架构，把作品的思想大意与主题要旨融会贯通。

三是鉴赏能力，就是善于发现文章的"与众不同"之处，以及藏而不露的真善美的意境。这种与众不同以及真善美的意境，既可以体现在主旨大意、文章结构和逻辑脉络等宏观布局中，也可以体现在遣词造句、精巧构思、手法技巧等微观细节中。这就需要在阅读过程中，拓展视野，勤于积累，细细品味，认真推敲，准确把握，合理诠释，大胆借鉴，有效运用。更重要的是通过比较阅读、背景分析、辩证思考，弄通不同作品的风格、特征，理解其内涵与表达方式，从而在综合欣赏与比较思辨中，发现文字的美、文学的美、文化的美。

四是表达能力，写作可以从练习写时评做起。语文学科素养常常体现在表达中，而表达能力则主要体现在写作中，写作练习的切入口可以选择时评。不论是传统纸媒还是网络媒体，时评都是标配栏目。时评已经成为一种适应网络时代和现代传媒，颇受读者欢迎的文体。时评的最大特点是短平快，话题紧扣时政热点，是社情民意的集中反映和舆论关注的焦点，符合当今读者对作品时效性和现实性的要求。因此，抓住热点话题，勤思考勤练笔，语文学科素养一定能有效提升。需要特别说明的是，读写结合，才能更好地进行写作训练。所谓读写结合，就是要借鉴所阅读作品的构思、写法等，创造性运用于自己的写作实践中。

除了提高"四力"之外，广泛、有质量的阅读也非常重要。语文是文科之母，是文史哲的集大成者。没有语文做基础，学不好文科，也学不好理科。反之，广泛涉猎文史哲甚至其他类型的作品，也能很好地反哺语文。因此，熊立铭认为，爱语文就要学会爱文史哲。语言学大师吕叔湘、叶圣陶等都是学富五车、文史兼收的大家；那些伟大的作家也很少纯玩文学，而是博采众长的大家。周作人、周树人兄弟文学成就举世闻名，同时他们也都文理兼具：周树人（即鲁迅先生）曾在地学方面发表过专论，还写过科幻作品，翻译过尼采的著作；周作人也曾热衷于科普宣传。徐志摩二十几岁时还科普过爱因斯坦的相对论。据说老舍也写过科幻小说……因此，见多识广、博采众长是学好语文的关键。这就要求同学们摆脱课本与课堂的束缚，通过广泛地涉猎、品读文史哲作品，建立起与文史哲广泛联系的学术网络，而不是过早地被文学作品、语言与文字学狭窄的专业思路框住。说到底，语文是一门培养人文底蕴和人文修养的学科，学好语文考验的是文史哲的综合能力。

在以上"四力"下足功夫，再加上广泛而有质量的阅读，追得"冰山美人"，也就水到渠成。

数学：虚实相生　理解为先

宋成越

核心提示

　　虚实之间，变化万千。很多同学被数学困扰了整整二年，甚至很多同学认为，数学是高中各门科目中当仁不让的最难。而本文为高中数学学习提供了新的视角，以虚实变化为主轴，以理解为根本，向我们阐释了高中数学学习的四重境界。由实入实，是打好基础的立足之本；由虚入实，是回归实际的攻坚之兵；由实入虚，是归纳总结的抽丝剥茧；由虚入虚，是举一反三的大步向前。

　　正如标题所言，如果要我用一个词来概括高中数学，那便是"虚实相生"。

　　所谓"虚"，自是不必多言：中学阶段学习的各门学科，要么以语言为基础，用最朴实的话语阐明出最深刻的哲理，要么以实践为基础，在实验结果的地基之上搭建起一座座知识的大厦。在这其中，数学仿佛是个特例，它最大的特征便是抽象化与符号化，既不依赖于自然语言，也不依赖于实验结果，只有数不清的公式与算法。尤其是步入高中以后，随着集合、命题等概念的引入，数学变得越发抽象，让很多同学望而却步，无从下手。

然而，比起其他学科来，数学也有它"实"的一面，数学的逻辑清晰程度是其他学科所不能比的。比起那些显得玄乎其玄的"推理判断"，数学的符号逻辑显得如此严丝合缝、不容争辩；再多的语言描述，也比不上一张图像、一串表达式来得严谨直观。当一个数学对象摆在那里，它的一切性质就都已板上钉钉，成为定数，再无任何牵强附会、强词夺理的余地。对数学而言，有就是有，没有就是没有。

可以说，高中阶段的数学学习，核心正在于此：以理解为根本，在抽象的概念（虚）与具体的对象（实）之间相互转化。初入高中，一时的不适应是正常的，毕竟这是要花费三年时间去培养的能力，远非一朝一夕便能成。然而，切不可让这一时的短痛成为长痛，以至于一步落后，步步落后。想要跳脱出这种循环，最重要的便是掌握住这其中虚实变化的规律。虚实相生之间，蕴含着高中数学学习的四重境界。

第一重境界：由实入实——打好基础，深化理解

高中数学是用来解决实际问题的，每一条定理、结论都有其背景和深刻的内涵。可以说，能够将最基本的定理转化为直观的数学对象，借助实例真正理解数学语言的含义，是学好数学的第一步。只有将这些基础打好，才能牢牢筑起数学知识体系，如果只是死记硬背定义定理，守着一堆公式却不知道如何使用，一旦应用场景稍微有些变化便会不知所措。

一个典型的例子是三角函数的诱导公式。在三角函数领域，为了帮助同学们记住繁多的公式，一代代教学工作者创造了很多口诀，例如那句广为流传的"奇变偶不变，符号看象限"。单看这条口诀本身，它其实有些不知所云：这里的"变"和"不变"指的是谁在变，"奇"和"偶"

指的是谁的奇偶，"看象限"又应该看谁的象限？如果老师要在上课时教给同学们这个口诀，那他在教口诀之前一定会先举一些三角函数变化的例子，从中抽象出三角函数变化的法则，其次才是教授口诀，便于同学们在理解知识的基础上进行记忆。

我们自己学习时也是一样，记住口诀并不意味着就能够掌握这个知识，理解才是基础，回归课本、回归知识本身，将原理落到实处才是学习的根本。而课本中早已为我们提供了正确的理解方式：正如下图所示，直观地看，某个角度 α 的余弦 $\cos\alpha$ 和正弦 $\sin\alpha$，是它在单位圆上对应的横纵坐标，而它的正切 $\tan\alpha$，则是它与坐标原点连线的斜率。以第一张图为例，我们注意 P_1 到在单位圆上对应点的横纵坐标都为正，于是 $\sin\alpha$，$\cos\alpha$ 和 $\tan\alpha$ 都是正的；当 P_1 旋转至 P_2 时角度由 α 变为 $\pi+\alpha$，此时在单位圆上对应点的横坐标为负，纵坐标为正，且其绝对值和 P_1 处的横、纵坐标相等，于是我们可以得到

$$\sin(\alpha+\pi)=\sin\alpha$$
$$\cos(\alpha+\pi)=\cos\pi$$
$$\tan(\alpha+\pi)=\tan\pi$$

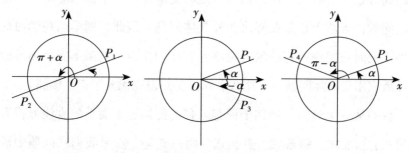

图源：人教版高中数学教材必修一

这就是 α 和 $\pi+\alpha$ 之间的三角函数关系，进一步地，我们可以推广至 α 和 $\alpha\pm\dfrac{k\pi}{2}$ 之间的关系。这也解决了我们之前提出的问题"奇变偶不变，符号看象限"中"奇"和"偶"指的是 $\alpha\pm\dfrac{k\pi}{2}$ 中 k 的奇偶性，"变"和"不变"是看正弦和余弦是否互相转化，符号看的象限是该三角函数

名在该象限的符号。

通过上面这个小例子，大家不难发现，各种所谓的口诀，其意义都依赖于数学实例的解释，一旦脱离实例，便会变成不知所云的天书。数学终究是一门以理解为主的学科，一味地死记硬背各种"口诀""结论"无异于缘木求鱼。

说到底，直观思维更符合人脑的理解方式，比起抽象的符号叙述，直观的图像展示、几何意义等表达方式显然更容易令人领悟其中的含义。只有先学会从实到实，能够理解实例和定义、定理间的关系，又能够从定义、定理对应回实例，参透其意义与本质，夯实基础、深化认知，才能走好学好数学的第一步。

第二重境界：由虚入实——回归实际，分析问题

高中数学作为从研究具体实例的小学、初中数学到研究纯粹抽象理论的高等数学的过渡，其在具有一定的复杂性、对于抽象思维有一定要求的同时，本质上还是在解决各种具体问题。因此，同学们在学习的过程中，同时也要注重将抽象理论落到实际的能力，如果不能将抽象的结论灵活应用于实际问题中，那么学到再多知识也无异于空中楼阁。

我们从一个最简单的例子说起。我们都知道平面上的直线方程有各种形式：标准式、斜截式、点斜式、两点式等。如果我们在问题中恰好有合适的条件，例如"斜率和截距""斜率和直线上一点的坐标"等，我们可以直接列出其方程，但问题在于，这样的好事并不是天天有的，在不知道直线的具体信息的情况下，如何列出直线方程能够最高效率地解决问题呢？

这个看似简单的问题就是对同学们将抽象理论落到实处的考验。如

果对于直线方程有足够深入的理解就可以发现，确定一个直线方程，无非就是需要两个独立的条件。那么当我们已经得到其中一个条件的时候，就需要考虑它的作用（例如斜率和过定点确定的直线族是完全不同的两类），其次便是考虑为了确定直线位置，希望补齐的第二个条件是什么，这就是将理论落到实处的方法。例如，如果已知其斜率，就可以优先考虑斜截式方程；如果已知其过定点，就可以优先考虑点斜式方程等。

有同学肯定会觉得，直线终究只是直线，看一眼就能明白应该如何处理，不需要进行上面所说的这么复杂的分析过程。但事实上，无论本身问题简单还是复杂，这一套的思维方法都是通用的。例如，当这一套简单理论被放到圆锥曲线背景下，相信很多同学都会感到头疼。有些同学一时难以解决这些问题，面对答案时甚至更加疑惑：为什么答案从最开始列的方程就和我不一样？明明没有用到任何额外知识，算起来却比我的方法简单？

我们来看如下的例题：

【例】已知椭圆 C 的方程是 $\dfrac{x^2}{4}+\dfrac{y^2}{3}=1$，左右焦点分别为 F_1 和 F_2，过 F_2 的直线 l 与椭圆交于 $A(x_1, y_1)$，$B(x_2, y_2)$ 两点，若 $\triangle AF_1B$ 的面积为 $6\sqrt{3}/5$，求以 F_1 为圆心且与直线 l 相切的圆的方程。

很多同学上手就会开始假设 $l: y=kx-k$ 进行计算。这当然也可行，但实际计算时就会发现这样做的计算量比较大。

而更方便的解法是假设 $l: x=my+1$，其计算量会比上一种方法小很多。

为什么这种奇怪的"横轴斜截式"能使得计算更简单？稍加观察我们就会发现以下三点：

l 过的那个定点 F_1 在 x 轴上。这样，如果采取 $x=my+n$ 的形式，那么 n 是已知的，方程里就只有一项含有未知数。

为了计算 ΔAF_1B 的面积，我们希望得到 $|y_1-y_2|$ 的值，而非 $|x_1-x_2|$ 的。

实际上两种方法都需要考虑特例：普通方法需要专门分类考虑斜率不存在的情况，新方法需要专门分类考虑斜率为 0 的情况。然而问题在于，斜率为 0 的情况显然不成立（三点共线），不必考虑，但斜率不存在的情况并不显然，仍需要专门计算。

可见，面对问题时，我们首先要回归问题本身，将目标与已知的理论匹配，再根据理论条件分析自身所拥有和缺少的条件，从而确定应该从什么方向入手。有些同学喜欢了解很多二级结论、命题背景等，然而倘若不深究其背后的本质和共性，则只会导致知其然而不知其所以然，在遇到问题时满脑子只想着先像报菜名一样，一股脑把各种相关或无关的结论都列出来，以至于失去了思考方向，陷入死胡同。不过在此也要强调，本文并不反对去了解更多的数学模型，增长见识总是好的；不提倡的是那些不加理解、死记硬背的行为。

类似地，如果问题所考查的是曲线上的一些动点以及它们之间的几何关系，那么我们会优先选择设出点的坐标，利用点的坐标写出它们所在直线方程来求解问题；如果题目所考查的是直线与曲线，或是曲线与曲线之间的位置关系，那么我们会优先选择列出对应的方程。将这样的思维方法应用于复杂问题中，可以帮助我们在拿到问题时抽丝剥茧、找到分析思路，避免面对难题抓耳挠腮却无从下手。

说到这里，可能有同学会觉得，数学的演绎推理就是各种符号满天飞，是一个很复杂的过程。其实不然，数学证明就好像爬楼梯，乍一看会觉得终点高不可及，但只要一步一步走上去，总能到达终点。当我们用这种方法去进行分析时就会发现，再高深的结论、再复杂的证明，其组成部件都不过是一步步的简单推理，说到底都是从简单结论出发进行推广而得的。数学能力提升的一个标志，就是能将那些原来还需要仔细琢磨、反复推理的东西，视作一种理所当然，对它的理解和运用像 1+1=2 一样熟练。随着越来越复杂的推理在自己眼里显得理所当然，自然也会感觉数学变得越来越简单。唯有如此，才叫作"由虚入实"。

总之，无论遇到什么问题，一定要先认清楚，自己需要什么，而自己又正在做什么——不仅对于学习数学是如此，对于数学之外的学科同样是如此。

第三重境界：由实入虚——归纳总结，化繁为简

高中数学体系庞杂、变化万千，这不仅考验我们对知识的理解和应用能力，更考验我们归纳、整理数学知识的能力。从直观角度掌握基本概念、理解数学实例的性质是高中数学学习的重要一环，但并不是全部。针对这种情况，在前面回归实际的基础上，我们要更进一步，去回归问题的本质，学会对于不同实例进行归纳总结，也就是"由实入虚"，从研究具体的数学对象再向前迈出一步，去研究它们抽象的数学性质，并厘清彼此之间的关系。

我们来看另一个圆锥曲线上的例子。无论是老师讲课时，还是教辅资料上，都会提及以下几个定理：

【定理1】如果点 $P(x_0, y_0)$ 在椭圆 $C: x^2/a^2 + y^2/b^2 = 1$ 上，过 P 作 C 的一条切线，那么这条切线的方程是 $x_0 x/a^2 + y_0 y/b^2 = 1$。

【定理2】如果点 $P(x_0, y_0)$ 在椭圆 C 外部，过 P 作 C 的两

条切线，切点为 A，B，那么直线 AB 的方程是 $x_0x/a^2+y_0y/b^2=1$。

【定理 3】如果点 $P(x_0, y_0)$ 在椭圆 C 内部，过 P 作一条弦 C 交于 A，B 两点，再从 A，B 两点引各引一条切线，它们交于 P。那么 P 在一定直线 $x_0x/a^2+y_0y/b^2=1$ 上。

显然，三个定理的三条直线在形式上相同——这也是我们将它们相提并论、放在一起的原因。然而，它们的具体内涵则大不相同：第一条定理针对切线本身；第二条则是切点弦；第三条是切线交点作为一个动点所在的定直线。前两条直接引切线，最后一条则是先画弦。落实到证明原理上，更是完全不一样：定理 1 通过把方程两边直接求导得到；定理 2 则考虑"两个切点都满足那个直线方程"的事实；定理 3 则是要把定理 2 反过来考虑得到。证明细节和全文内容无关，这里不展开介绍了。

对于抛物线和双曲线，也有类似于这三条定理的结论。到这里问题就来了：三个定理还好，九个形式相似，内涵和数学情景却完全不同的定理放在一起，极其容易引发混淆误用。在这种情况下，我们必须通过归纳总结，找出各个定理的相似与不同之处，得到结论。于是我们可以列出如下表格：

$P(x_0, y_0)$ 的位置	曲线上	曲线外部	曲线内部
几何意义	过 P 作切线的方程	过 P 作两条切线，连接两个切点得一条直线	过 P 先作弦再引切线，两个切线的交点一直在某条直线上
椭圆 $x^2/a^2+y^2/b^2=1$	$\dfrac{x_0x}{a^2}+\dfrac{y_0y}{b^2}=1$ 形式相同，意义不同		
抛物线 $y^2=2px$	$y_0y=p(x+x_0)$ 形式相同，意义不同		
双曲线 $x^2/a^2-y^2/b^2=1$	$\dfrac{x_0x}{a^2}-\dfrac{y_0y}{b^2}=1$ 形式相同，意义不同		
证明方法	上文已经列出，略（三种圆锥曲线下的证法都相似）		

限于篇幅原因，有些地方写得不是很严谨，但也能大致体现出梳理知识、化繁为简的意义所在。在这一过程中，当然也可以借助流程框图、思维导图等各种工具；所谓"君子生非异也，善假于物也"，正在于此。

当然，梳理知识绝对不是简单的复制粘贴。很多同学容易陷入一个误区，即事无巨细，恨不得把整本书，连带着习题册都要往笔记本里抄一遍。本质上，这还是之前所说的那种"死记硬背"的思维在作祟，把数学当成了背书的学科。事实上，像各种定义、基础公式等，都理应充分理解、记在心里，而非记在笔记本上——如前两节所言，它们是基础中的基础，是"化实为实"和"化虚为实"的一部分。

同时，那些过于偏、难、怪的知识也可以选择性忽略。倘若自己的理解能力暂时达不到那个层次，那么最后还是会走回死记硬背的老路上。那些真正有意义去总结、记录的，应当是自己能力范围边缘的。即：能够勉强理解，但却由于太烦琐（例如本节的例子）、思维跳跃太大等原因，没能彻底理解的知识。这才是有价值的，而非是在舒适区一直打转，或是没学会走路便想着学会跑步。

第四重境界：由虚入虚——融会贯通，举一反三

前面说了这么多，本质上都是在探讨，如何去优化自己已有的知识。然而，仅凭这一点或许并不够；相较于初中数学，高中数学的研究内容更为复杂也更为抽象，这在方方面面都有所体现。例如，初中时，我们研究的函数都可以具体写出表达式，而进入高中，我们开始接触抽象函数，很多时候需要在不知道其具体表达式的情况下，利用它的某些已知性质去研究它的另一些未知性质，这对于逻辑推理能力和抽象思维有着较高的要求。又例如，在学习概率时，我们开始脱离以前的"抽签""盒

中摸球"等具体模型，向现代概率论迈出了第一步，开始接触条件概率、独立性、随机变量等抽象、泛化（某种程度上甚至显得有些晦涩难懂）的概念。正是这种抽象性，让很多刚上高中的同学望而却步，甚至是在接下来三年的学习中都一直受到这种影响。

为了应对这样的现象，同学们在平时的学习中，不能仅满足于课堂上学到的知识，而是要主动学习，从已有知识出发，尝试去类比归纳，在已有知识的基础上进行拓展，而不是原地踏步。正如本文一直强调的，数学是一门依靠理解的学科，学会理解、活学活用比单纯的记忆更重要。在学习数学的过程中，要敢于、善于发散自己的思维，而非只满足于一些皮毛。

我们再考虑一个简单的例子。

大家都知道周期函数的定义：

如果函数满足 $f(x)$ 满足存在 $T > 0$，使得 $f(x) = f(x+T)$ 对 $\forall x$ 成立，那么 $f(x)$ 为周期函数，T 为 $f(x)$ 的一个周期。顺着这个定义出发，我们可以联想到以下几点：

如果 T 为周期，那么 $2T$，$3T$ 甚至 kT（$k \in N$）是否也为它的周期？答案是显然的，利用周期性的定义我们可以轻易地证明这一点。

既然 $f(x)$ 的周期可以任意大，那么 $f(x)$ 的周期是否能任意小呢？如果不是，我们是否可以找到 $f(x)$ 的一个最小正周期呢？稍加思考，我们便会发现，存在周期函数没有最小正周期（例如常函数），乍听起来似乎有些反直觉，仔细想却又理所当然。正是这种反直觉的结论的思考能够对我们的思维进行有效的锻炼。

抛开这个表达式不谈，如果 $f(x) = f(x+T)$ 可以作为周期

190

函数的判定式，那么

$$-f(x)=f(x+T), \quad \frac{1}{f(x)}=f(x+T), \quad -\frac{1}{f(x)}=f(x+T),$$

等表达式是否可以呢？如果能，那么此时函数的周期又是多少呢？

周期函数的图像有什么性质？或者说，是否存在关于函数图像的某种性质，使得满足这个性质的函数都是周期函数？

如果有两个函数呢？例如已知 $f(x)$ 和 $g(x)$ 都是周期函数，那么它们的和、差、积、商 [这里当然要求 $g(x) \neq 0$] 还是周期函数吗？

……

这些问题看似复杂，但其实都可以利用定义进行推导，得到答案。事实上，同学们可能在一些教辅或者培训资料上看到诸如"若 $f(x)$ 的图像同时关于直线 $x=a$ 和 $x=b(b>a)$ 对称，那么它是以 $2(b-a)$ 为周期的函数"等二级结论，书中会告诉你，记住这些结论能让你在考试中如虎添翼。然而，如果不理解它们的原理，仅仅是死记硬背，那么恐怕很难完全记住，即使记住也未必能在需要应用的时候及时想起来，而且一旦问题背景稍微变化，这些死记硬背便失去了效果；相反，如果能够理解它们背后的原理、学会自主推导，那么自然不需要刻意记住它们，也能够得到相应的结果。就像上边的例子，变式繁多，形式一个比一个复杂，但本质上它们都是相通的，只要真正掌握了"周期性"这一知识点，再多的难题也会不攻自破。诸如上边这些结论，未必一定要牢牢记住，但一定要学会推导，理解其背后原理所在。所谓"授人以鱼不如授人以渔"，正是如此。

从这个角度来说，在发散思维的同时，更要学会运用各种方式厘清思维。这也正是上一节中强调化繁为简、归纳总结的意义所在。当然，对于高中数学而言，这个例子自然只是冰山一角，但这更说明了一个事实：倘若只依靠刷题和背书，多变的题型永远也刷不完、繁杂的结论永远也背不完。唯有依靠理解，才能在迷雾中探索出真正的道路。

最后还要强调一点，发散思维、活学活用，并不意味着要好高骛远、超前学习。我们上边举的这些例子，终究只是现阶段所学内容的扩展，并不需要任何高等知识。有些同学可能会主动了解一些高等知识，并在解决高中数学问题（尤其是导数等题目）时使用。对此我认为，主动了解一些更高深的知识自然是好的，然而并不能真的把它们当作什么法宝。其一是正规的高中数学题目都可以在高中数学的框架之下解决，这样的屠龙之技完全没有必要；其二是很多高等结论的使用（例如广为人知的洛必达法则）都需要比较严苛的先置条件，然而大部分同学并未意识到这一点就去滥用它们，这不仅不严谨，甚至可能会由于前提不对而推导出错误的结果。

说了这么多，无外乎是想告诉大家以下两点：

一是高中数学的抽象性大大提升，这也是学习的最大困难。然而，很多知识看似晦涩，但一旦剥去了抽象的外衣，本质并不难解。一定要有意识地做好准备、着手应对。

二是学好数学，理解比刷题和背书更重要。数学变化万千，死记硬背总有漏洞，而理解是不变的，是相通的。

一家之言，姑妄听之；落实到具体细节上，每个人都有每个人的学习方法，但是，站在更高的角度来看，学习的客观规律当是彼此相通的。希望这些心得体会，能够为学弟学妹们的数学学习提供参考与帮助。

领略数学学习的另一番风景

宋成越的这篇高中数学学习经验之作，写得很超脱。既有深度也有广度，全文很少提及"窍门""高分"等词汇，但却是一篇难得的关于数学学习经验的上乘佳作。

很少人不懂理解是学好数学的根本这个道理，这也是很多老师常常挂在嘴边的一句话，可为什么总有人就是做不到呢？就像宋成越指出的那样，很多学生受困于高中数学，觉得数学难，难于上青天。整天拼命地学，没完没了地刷题，参考书也买了不少，可就是理解不了数学的真谛，总有一种无可奈何花落去的无力感。疲于应付就是无法抵达自如流畅的超然数学境界，以至于直到走进高考考场的那一刻心里仍没底，只好抱着碰运气的心态接受考验，甚至有的人即使是后来到了大学，提起数学仍是心有余悸，唯恐避之不及。宋成越的见解的精明之处就在于，点出了数学的要害，也指明了学好数学的思想认知及意识理念。难得的是，他是站在数学哲学的高度讲述了自己对高中数学的思想认知。就是说不能进入数学的抽象世界，进行数字及符号演算的思维训练，建构起合乎逻辑的数学体系，以此来映射和观照外化的现实世界，要想学好数学没门。

在特训营里，还有一位同学的学习经验，与宋成越有异曲同工之妙，他的经验可能更通俗易懂一些。特别是，他用了这么一个特别的标题：高中数学，最简单的学科。当然，这个同学绝不是标题党，他有自己的思考逻辑，归纳起来，笔者认为，主要有三点：一是重概念（而非重做题），看到这个标题，笔者想起了马斯克写的一本书的书名:《从 0 到 1》。数学概念的建立何尝不是从 0 到 1?!很多同学甚至老师对做数学题很重视，但不重视概念学习，而这位同学的做法恰恰相反，高度重视概念(包括定义、定理、公式、性质等基本知识)的建立，他坦言，概念没学通，做再多的题也无益。笔者认为，这就好比没有一，再努力加零都没有意义。二是强关联。在这位同学的眼里，数学的逻辑性非常强，不能建立数学概念和知识的联系，自然就很难记住这些公式、定理，更谈不上应用了。三是会建模。也就是会通过做一道题，建立一种类型的解题模型，并能找到这个模型的可变要素，学会改编题目，从而达到以一通十的目的，真正实现轻负高质的目标。数学学习如此，其他学科也一样。

或许，当你进入抽象世界苦思冥想，最初的尝试是错误的，是背离客观实际的，但类似的思考一定是有益的。通过接下来的经验、事实等的反复修正，完全可以一步步逼近真理，这就是学好数学应该具备的认识论和方法论。切中数学之根基，点出学好数学的要点。显然，这不是一位普通中学生的认知能力能达到的。因此，要读懂其中的意涵需要花费一些心力。一方面需要补充一些课外读物，并认真研读，更重要的是大家要结合各自的实际，以教材为蓝本，以课堂为主阵地，以同伴为知己，把所学内容重新梳理一遍。在各自脑海里架起抽象思维的明灯，照亮每一个数字和每一个符号，并赋予它们特定的含义，然后小心翼翼地构建起方程式、函数关系式等。注意，这是一个数学思维主动创造、积极建树的过程，而不是被动接受说教和灌输的结果。就是说，先是在自己的大脑建构起一个抽象的数学体系，然后尝试着用它来映射或观照外化的世界，再通过经验与事实对其进行修正。这就是一个完整的数学探究学习活动的全过程。

人们常说，市场是一只无形的手。事实上市场这只无形的手，对各种经济活动有着极强的规定性，它无处不在无时不在，决定和影响着人们的经济行为。数学就是描述和掌控客观物理世界运行的那只无形的手。

虚虽是空，但却很有理也很有力。因为有理所以有力。因此，它才是主宰，是事物规定性和规律性的总和。

数字化时代大大缩短了"实"的积累时间，也降低了进入"虚"的难度，由实入虚触手可及。先前无法具象的抽象，可以通过人工智能技术实现。虚拟技术得益于大数据和云计算也有了长足发展，实与虚之间不再有深不可测的鸿沟。比如孩子们传统的计数法是扳手指，现在智能学习软件完全可以取代，孩子们在屏幕前就可以轻松实现，软件代替了耗时费力的实践积累。

当代数学由虚入实，一个典型应用领域就是编程。编程的目的是解决各种各样的现实问题，可以说，编程就是一项现代化的旷日持久的由虚入实的数学工程，也是一门新的与数学相关的新兴产业。

技术赋能给了人们学习数学强而有力的工具，进入抽象的数学世界有了便捷通道。但无论如何，回到应付考试的现实，我们都不能忘记宋成越文中提到的后两重境界：归纳总结和举一反三。它们不仅是学好数学而且是学好其他各门功课必备的学习力，有了它不愁考不出好成绩。

生物：预习　理解　改错

高旅桐

核心提示

在这篇文章中，高旅桐分享了她高中学习生物的经验。她提出了预习、理解和改错三个关键词，并围绕这三个关键词进行了自我解读。希望大家能够对这些耳熟能详的学习方法进行再思考，让它们成为帮助自己学习的锦囊妙计。

预习：层层深入　前后勾连

学好生物学，最重要的是要有"敬畏生命"的信仰。唯有确立起生物学信仰，才可能将生物学的精髓学到家，那些生物学知识也才能内化于心外化于行。当我们把生物学当作信仰时，再辅之以具体的学习策略，才能在学懂学通的基础上，强化概念联系，学会实践应用。

我们来谈谈预习。生物这门学科，在高中阶段会有很多新的概念理论，需要我们在自己的理解中完成构建。因此我觉得，对于基础不是很好的同学，课前预习是很重要的。那么该如何预习呢？

绝大多数同学在学习过程中往往没有得到如何预习的有效指导，或者仅仅是粗略地翻阅一下课本，简单地画画标记重点，这样的预习实际上并没有什么实质性的用处。事实上，我认为预习应该是有层次的，分为整体预习、周预习与课前预习。这能极大地提高学习效率。

首先，整体预习是让我们变得更优秀的一项重要策略。这种预习方法意味着在开学之前，将整个学期或学年的知识内容粗略地过一遍，了解知识的整体框架。我们可以记录学习的重点与难点，形成一份详细的学习计划，让自己心中有数。通过整体预习，我们能建立起对学科知识的整体认知，可以更好地把握知识之间的逻辑关系，为后续学习打下坚实基础。

其次，周预习是另一项高效的预习方式。在每周课程开始前，我们可以提前看一遍即将学习的知识，了解可能会遇到的困难与问题。这种预习有点类似于"提前预警"，帮助我们在上课时对症下药，主动解决问题。周预习的好处在于，我们在课堂上能更加积极主动地参与讨论与思考，因为我们已经对即将学习的内容有了一定的了解，更容易理解老师讲解的内容，也更容易提出自己的问题。周预习相比整体预习更加注重细节，有针对性。因为一学期的知识往往是由一些连贯的模块组成的，几堂课之间所学的内容很可能属于同一个模块，彼此之间关联性比较强。通过周预习，我们能够把握这种关联性，以更宏观的角度认知每堂课所学的内容。这对于我们对每堂课的具体内容理解是很有帮助的。

最后，课前预习也是常用的预习方法。这是至关重要的一部分。在每节新课开始前，我们可以仔细梳理新课的知识点，认真温习已学的知识，以便迎接新知识的挑战。这种预习帮助我们快速回顾之前学过的知识，消除知识间的断层，将前后知识环环相扣，形成完整的知识体系。除此之外，通过课前预习，在课堂上我们也能对新知识掌握得更加从容，能够更好地理解老师的讲解，也就能更好地与老师互动，从而更深入地学习新知识。

理解：结构记忆　条分缕析

我这里想说的"理解"和"记忆"是一起讨论的。很多人会把理解看作帮助记忆的一种方法，一个充分条件，觉得一个知识点你理解了自然就记住了。然而我想说的是，理解对于记忆单独的知识点，或者一条理论、一个方法来说可能是有效的，但对于一个高考科目考查范围内这么多的知识点、知识网，仅靠理解是远远不够的。对于这一点，我要结合生物学科来说。我个人认为，高考生物的学习，是很需要对概念进行记忆的。高考生物很多题目的考查，都是基于课本上的内容进行变换和拓展的。因此你必须对课本上的内容熟练掌握。而生物知识又不像物理、数学那样包含太多推导，往往都是对现实的直接描述，因此在学习生物的过程中，很多内容是需要我们去进行记忆的。

那么我们应该怎么记忆大量的知识点呢？正如我刚刚所说，我认为仅靠理解是远远不够的。我们真正要做的是形成结构记忆。

结构记忆是指通过构建知识的结构图，将知识进行有组织、有层次的整理，以便于回忆和理解。学习一个概念或知识点时，首先要找到其中的关键词，然后思考如何用这些关键词来表达和解释。通过这种方式，学习者能够将抽象的知识转化为更具体、更易于理解和记忆的形式。

结构记忆的优势在于，它使得学习者能够将零散的知识点有机地连接在一起，形成知识体系。通过建立知识结构图，学习者可以清晰地看到知识之间的联系和依赖关系，这样有助于加深对知识的理解和记忆。与此同时，知识结构图还能帮助学习者将不同领域的知识进行综合，促进学科间的交叉融合，培养学习者的综合能力。

此外，结构记忆也有助于学习者在学习中找到重点和难点，避免陷入琐碎的细节。通过将知识进行结构化整理，学习者能够更清晰地看到知识的主线和要点，从而更加高效地掌握重要知识，解决学习过程中的难题。

在高一、高二生物学习的过程中，我经常通过画思维导图、整理笔记等方式，帮助自己建构结构性的记忆。高三的时候，我惊喜地发现，自己对基础知识的掌握非常牢固，看到很多题目，脑子里会自动浮现出它们对应的知识点以及与它们有关的知识点。可见结构记忆的重要性。

改错：合理减负　温故知新

我自己在生物学习过程中也体会到了智慧方法的优势。高三时，学业压力巨大，生物老师每天布置大量课后练习。我选择了试想解题思路的方法，以减轻工作量。通过深入思考和选择性解答，我能够更好地分配时间，将时间用在真正需要的地方。合理的减负并不等于逃避学习，而是找到更适合自己的学习方式，从而更好地理解和消化知识，获得更好的休息和放松。

在高中生物学习中，我们需要超越传统的熟能生巧观点，寻求更加智慧的学习方法。机械刷题虽然可以提高准确率，但其效率可能不高，并且可能影响学习兴趣。通过智慧方法，我们可以用脑子做题，注重思考和深度理解。实例和经验分享显示，合理甄别题目，选择性解答，以及减轻工作量，都可以提高学习效果。因此，在生物学习中，智慧方法的价值不容忽视，将使我们在解决难题、提升水平的过程中更加游刃有余。

此外，想要做到有效刷题，合理减负，还有很重要的一点是，我们也要注重对于做过的题目的改错与反思。这样我们做的每道题都不会白做。在生物学习的道路上，改错被认为是一种至关重要的学习方法。生物作为一门精确的科学，要求我们在解题过程中做到准确无误，但正因如此，改错也显得尤为重要。通过认真分析和纠正错误，我们能够深刻理解知识点，提升解题能力，培养严谨的思维。

生物学习中改错有几重重要性。

首先，改错有助于深入理解知识点。在生物学习中，解题错误常常暴露出对某一知识点理解不够深入的问题。通过仔细分析错误的原因，我们可以发现自己对某些概念或方法的理解还存在模糊之处。在纠正错误的过程中，我们会不断查漏补缺，重新理解知识点的本质和应用。

其次，改错能够提高解题能力和思维逻辑。生物综合答题的解题过程往往需要严密的逻辑思维和推理能力。通过分析错误，我们需要找出问题出现的环节，从而发现解题过程中的逻辑漏洞。在纠正错误的过程中，我们会思考如何更有效地运用所学知识来解决问题，从而提高解题的能力。

最后，改错能够增强我们的耐心和毅力。生物学习过程中，解题往往并不是一蹴而就的，可能需要多次尝试和推敲。在纠正错误的过程中，我们需要耐心地找出问题并尝试不同的方法来解决。这种耐心和毅力的培养，不仅对生物学习有益，也对我们的综合素质和人生态度产生积极影响。

此外，改错还有助于增强自我反思和自我管理能力。通过不断纠正错误，我们不仅能够提高解题水平，还能够培养自己发现问题、分析问题并主动解决问题的能力。这种能力在生物学习之外同样具有重要意义，能够帮助我们更好地应对各种挑战和困难。

生物学习中的改错是一种不可或缺的重要方法。通过认真分析和纠正错误，我们能够深入理解知识点，提高解题能力，培养严谨的思维，增强耐心和毅力，提升自我反思和管理能力。在不断改错的过程中，我们能够不断进步，不断完善自己，取得更好的学习成绩，也能培养一种积极进取的学习态度，为未来的发展奠定坚实基础。

战术战略两手抓　信仰之心学生物

　　高旅桐学好生物学的三部曲——预习、理解和改错，堪称干货满满的经验之谈，货真价实且富有个性化的战术特色，同时，又像老字号一样，是充满战略意味的独门绝活。

　　其实，预习、理解、改错，对于任何一个学生来说，都是司空见惯的行为。可就是这些再普通不过、平常不过的行为，很多同学却没把它们当回事，看似大家同时在课堂上听讲，在课前预习或是课后做作业，可最终收获的结果却千差万别，有的学生因为入心做好这些环节，因此步入名校殿堂。有的学生则因为对这些环节不入心，没有做好，导致高考名落孙山。

　　统览全文不难发现，高旅桐对学好生物学的战略与战术的两重思考，除去具体的学法指导，还揭示了这样一个道理：欲入心先上心，欲上心先动心。没入心是因为没上心，没上心是因为没动心。为此，我想问问同学们：当我们与生物学相遇，是否真正"心动"过？当我们学习生物学的时候，是否考虑过为什么而学这个话题，是否确立过这样一种信仰——为敬畏万物生命而学，为践行建设生态文明而学，为投身尖端生命科学研究而学？

　　为敬畏万物生命而学。只有敬畏生命才能学好生物学。敬畏生命给了学习生物学以持久的价值驱动和强有力的信念支撑。施韦泽是敬畏生命命题的创立者，他一辈子都忘不了的一件事是：七八岁的时候，有一天同伴诱使他用弹弓打鸟，可是就在他拉满弓准备弹出石子的一瞬间，他的内心涌上一股刺痛的感觉，良心受到责备。恰在这时，附近教堂的钟声敲响了，施韦泽在回忆录中这样写道："对我来说，这是来自天国的声音。我扔下弹弓，惊走了鸟儿……从此，每当耶稣受难期的钟声在春天的朝霞和树林中回荡时，我总是激动地想到，它曾怎样在我心中宣告了'你不应杀生'的命令。"因为终身信仰敬畏生命，所以他成就了伟大的人道主义事业，也为生态文明和生命科学做出了很多哲学建树。

四川南充白塔中学的生物教师杨文，坦言自己"早年其实是想从事生物技术相关的行业，但缘分使然，我成为一名老师"。不能直接践行某一项具体与生物学相关的事业，但担任生物学教师，却是歪打正着，帮他实现了更大的理想。通过影响学生，唤起更多的人投身相关事业，不是更好吗？因此，他给每届新生上的第一堂课，都是从面试聊天让学生爱上生物学开始的。他用一节课的时间，专门和学生聊生物学这门课程的大背景，展望生物学发展的前景。正如他说的那样，学好生物学的第一条是："让学生形成一种敬畏生命、尊重生命的生命观念。"只有站上这样的高度，才会有第二条：激活生物学思维，丰富学习方法，掌握学习生物学的基本技能。接下来水到渠成的第三条，就是好的学业成绩。名师就是这样教学生的，会读书的学生也一定会跟上老师的步调。接下来，杨文还要把自己"包装"成一个"生物学家"，一个有着生命万物平等信念的专家学者，在日复一日的相处中，接受学生的"复试"——看看他们的杨老师，是否称得上是珍爱万物生命的专家型教师。该校网吧流传这样一篇贴文："一位南充植物学家、白塔中学资深生物教师杨文最近研究表明，与发现万有引力有关的那棵苹果树是南充进口的。"这虽然是个花絮，可它却是学生对杨老师生物学素养的高度评价。

为践行建设生态文明而学。生态文明建设已经列入国家发展战略，"绿水青山就是金山银山"的理念深入人心。放眼世界，全球变暖造成的危害和风险形势日益严峻，减排迫在眉睫，大自然留给人类的时间不多了。在这样的大背景下，生物学作为生态文明建设的基础学科，它的重要性便凸显出来，生命科学研究之所以成为当代最主要的前沿科技领域之一，与这个重大命题直接相关。常言道：外行看热闹，内行看门道。身为一位生态文明分子，要投身这项利在千秋的伟业，成为生态文明建设的行家内手，生物学是必修课程。我们知道青少年往往是新生事业的生力军，环保、低碳、减排、生物多样性保护等，都离不开青少年的参与。有了参与生态文明建设的使命感和责任心，接下来需要做的就是培养参与这项伟大事业的能力和本领。不单要学好生物学，还要走向社会，深入了解人类行为与生态文明的关系，广泛阅读生态文明相关文献，把学习生物学放在生态文明建设大框架大系统中去。

为投身尖端生命科学研究而学。据统计，近年我国生命科学研究在全球排名有所上升，但比起美国还有较大差距。然而，生命科学作为21世纪前沿的领头羊学科之一，与人工智能、量子科技共同构成并驾齐驱的三驾马车，我们注意到，这一点杨文老师也会在第一时间与学生分享。把学好生物学提升到回答时代重大命题以及国家急需高精尖人才的高度，将其作为学习生物学的动机，为少年科学精神持续赋能，不断注入正能量。

政治：世界与我　息息相关

何若秋

核心提示

政治是很多高中生头疼的学科。靠死记硬背、枯燥乏味、难拿高分，让人很难喜欢。作者却认为政治是一门广阔的学科，让我们理解世界的来龙去脉，形成自己的"三观"。在本文中，作者从读书切入，认为政治学习要先把书读"厚"，再把书读"薄"，做到高效输入、有效输出，再结合时政，联系实际。值得一提的是，作者给出了政治学科思维导图的具体框架。相信大家都能通过本文对政治学科学习有新的感悟。

高中生不喜欢政治这门学科的理由有很多：觉得政治就是死记硬背，没有挑战性；觉得政治太抽象，难以理解，而且枯燥乏味；觉得政治学起来没有抓手，难拿高分，投入和回报不成正比。

但是喜欢政治，却不需要很多理由。我喜欢政治，因为它是一门广阔的学科，它帮助我们理解人类世界的来路、脉络和去向，研究这个世界的运行轨迹以及如何优化这些轨迹。政治这门学科从经济、文化、政治等方面向我们阐释宏观世界的规律以及和我们生活的连接，同时从哲学角度培养我们形成自己的三观，运用真正的智慧指导自己的生活。通过学习政治，我能够深刻地感受到"无穷的远方，无数的人们，都与我有关"。

在谈论政治的学习方法之前，我想纠正一个思维误区。学好政治不靠死记硬背，死记硬背得来的知识永远是浮于表面的，不是真正的文科思维的内化。

文科是越学越大、越学越广阔的，以一个中学生的学识，无论如何也无法穷尽文科知识，所以如何胜在高考，不在于你学了多少别人没学的东西，而是在于你是否将大家都学的东西学得深、学得精、学得透彻。因此，在熟悉课本的基础上，洞悉出题人的考查意图，灵活运用已经烂熟于心的知识融会贯通，就能达到一个很高的水平了。

把书读厚　高效输入

政治学科考查的对象是学生根据材料，运用政治知识和政治思维分析和解决实际问题的能力。这就要求学生灵活准确地运用所学到的知识，而运用知识的前提就是高效地输入知识，在大脑中构建起细密的知识网络以便检索。

最简单最原始的知识网络，就是教材的目录。目录的层层分级就是教材的编写者梳理好的脉络，能够给刚接触这些知识的学生提供一个学习的思路和抓手。因此，在刚开始学习政治的时候，不要跳过目录。仔细浏览一遍，看看自己学的知识点所属的篇章、子目，属于哪一个大的知识点的分支，和哪些知识点平级，下面又细分为哪几个更细小的知识点。这就是最初的逻辑的培养。通过这样的学习，不仅能够对所学的知识点的定位更加熟悉，也能在脑海中形成一个初步的知识脉络。

当然，最好用的知识体系一定是个人亲自搭建起来的。不要过度依赖现有的目录，而要在学习知识点后尝试自己整理，辅以自己对知识点的理解和联想。可以画思维导图，也可以列表，将自己的思路转化成图表后，知识框架就能更加清晰，日后也可以用作复习知识点的绝佳材料。

学习知识点后，巩固的过程也十分重要，毕竟我们没法像使用哆啦A梦的记忆面包一样，一次性地把知识全灌进肚子里。如何高效地巩固知识点、加深记忆，也是有讲究的。我在复习知识点时，一般都不会只拿一本书，而是同时准备一张纸、一支笔，方便自己边记、边思考、边画图。政治的哲学生活会讲到，看待事物需要运用联系的观点、整体的观点，而不能割裂地、片面地去看待任何一个问题，记忆知识点也是如此。如果只是机械地通过反复诵读来背诵，形成的就只是舌头记忆而已。

因此，在复习的过程中要一边记一边思考。遇到一个知识点，自己主动回忆，这个知识点的性质、地位、内涵、原因、影响，以及很重要的：易混点的区分。以"国家税收"这一知识点为例，提到"国家税收"，我们思考的角度主要有哪些？比如，税收的本质是什么？在我国处于怎样的地位？国家为什么要征税，我们为什么要纳税，依据是什么？重要性体现在何处？大家依法纳税，能够产生怎样的影响？这些影响是宏观的还是微观的？对集体的意义和对个体的意义是否有不同？反之，公民偷税漏税，又会造成什么样的影响？这对我们公民提出了怎样的要求？关于国家税收的细分的知识点思考完了，再回溯一下，"国家税收"在哪个大知识点的分支之下？税收属于国家财政政策的一种，那么其他的财政政策还有哪些？它们和税收的区别和联系分别是什么？这样一想，是不是内容就充实了很多？这就是把书学厚了，哪怕是在学一个很小的模块，其实也已经在脑子里过了很多相关知识点，甚至搭建起了知识网。

这种边背边思考的思维模式是需要逐渐建立的，如果刚开始感觉回想比较困难，可以参考下方的表格（也可以将表格转化为树状图），借助把要点列下来的方式，边看边想，直到将这样的思考模式变成一种习惯。

XXX 知识点			
是什么	概念		
	性质 / 本质		
	地位		
为什么	成因		
	依据		
怎么办	措施	正向	
		反向	
会怎样	影响		长期
			短期
			积极
			消极
			宏观
			微观

把书读薄　精准输出

知识的输入归根结底是为了灵活运用。输入是储备，总结归纳是将大脑中的知识打上索引标签，以便必要时能够精准检索、有效输出。

既然想要在应试中精准地运用所学知识，对出题人意思的揣度就相当重要。知己知彼，方能百战不殆，更何况政治的命题和答题是有规律可循的。如何去培养"出题人思维"呢？作为一个学生，不能只是被动地等着题目给到自己面前，再考虑怎么作答。相反地，化被动为主动，站在出题人的角度去思考：怎么出题，为什么这样出题，这样出题考查的对象是什么，希望得到怎样的答案。这种思维的形成是有难度的，尤其对于刚开始学习新知识的同学来说，基本不可能在高一就立刻形成这样的思维。但是经过一段时间的知识储备，尤其是做了一定量的题目后，可以在复盘练习过的题目的时候将之归类，再运用这种思维去复盘。因为不管是中考还是高考，都有着清晰的考试大纲，出题人之所以这样出题，必然是在考试大纲的范围内，考查大纲所规定的考查目标和能力。所以哪怕不能做出题人肚子里的蛔虫，但只要找到一点点规律，都可以帮助自己准确判断出题针对的知识点以及你应当答题的范围。

做好了知识点的思维导图，知晓了出题人考查的重点，客观题能答了，主观题还是不知道怎么答该怎么办？这里就要提到另一个重要的能力：材料分析能力。这也是要在不断做题和复盘中锻炼的能力。学会在阅读材料的时候抓住重点信息、提取关键词，根据信息寻找题干所提示的答题方向，思考该重点和关键词的指向，并将所指向的模块的具体知识点和材料之间构建一个连接。从这个角度看，题干的材料和答题的要点，可以看作意思相近的两套语言系统，我们要做的是听懂材料传递的信息，根据题干的问题，用我们自己的语言做一个回应。

掌握了"出题人思维"和材料分析能力，一方面能够使我们在答题时做到不跑题、不答偏，提高知识点输出的精准度，一方面也能大大节省反应时间，提升做题速度。

当然，思维和能力的培养并非一日之功，需要建立在长久的学习和积累之上。但是只要脑海里有这个意识，以此作为努力的方向，都会有猛然开窍的可能。那时，政治的学习就会产生质的飞跃。

学习时政：与时代共脉搏

为什么要学习时政？政治这门学科的特点决定了它具有与时俱进的时代性。而高考要选拔的，是具备综合能力和思想政治素质的人才，这就对大家的政治敏感度提出了要求，并且还要考查大家面对时政的分析问题能力和解决问题能力。

高中时，政治老师会让我们在每周的政治晚自习前看一次《新闻联播》，大家看得起劲，但实际一转眼就全忘记了，一些专业名词更是左耳朵进右耳朵出，既不理解其含义，也压根记不进脑子里。我的方法有两个，首先，带着问题去看《新闻联播》。通过《新闻联播》半小时的播报，自己能不能在经济、政治、文化、生态层面，分别理解，国家目前工作的重点在哪里？国家目前在推进的主要工作是什么？其次，由于政治术语的专业性，想要记忆和运用这些术语，其实就像学习外语一样，需要将自己浸润在这个环境当中。可以准备一个小本子，将在书上、电视上、做题的时候遇到的政治术语，都摘抄下来，像积累素材一样。因为很多术语，只要接触政治相关的材料，往往是会见到很多次的。通过这一次次接触，每次都进一步巩固记忆、加深理解，慢慢地就能掌握一些政治思维。例如我读书那会儿讲"供给侧结构性改革"，虽不曾出现在教材里，但实实在在是当时经济工作的热点和重点，经济生活的大题也常常选取改革相关的材料。如果对这个话题不理解、不敏感，面对材料时便会一头雾水、不知所云。

政治是一门贯穿整个人生的学问，不仅在高中、在大学，甚至将来漫长的人生中，政治这门学科所蕴含的智慧和规律，都会指引着我们的生活。怀着对世界动向的关切，怀着对人类社会的关怀，怀着对智慧的哲思的敬意，去学习政治吧！

最后，以马哲的语言与大家共勉：前途是光明的，道路是曲折的。我们太容易将生活看作线性的、前进的、上升的过程。但人生恰恰是螺旋上升、迂回曲折的。我们永远走在发展的路上。

引领走向远方的学科

政治学科似乎很难让大多数人喜欢。但当我们真正走进这门学科，才发现，政治与世界、社会、时代息息相关，甚至是一门贯通人生的学科。它不仅影响当下，更指向未来；不仅有认识世界的方法论，更有塑造人生的价值观。

本文正是基于这样的认知，发现政治学科之美的。

首先，政治是最远离死记硬背的学科。政治入门难，但一旦入门，学起来又是比较轻松的学科。即便是应对考试，主观发挥空间也很大，远不是靠死记硬背就能真正学好的学科。

其次，政治是与世界、社会和时代联系最紧密的学科。比如：气候变暖、巴以冲突、中高考改革、开学第一课以及天宫课堂等都与政治相关。因此，这门学科学习最讲求与时俱进。从大的方面说，它事关当今世界全球事务，帮我们了解世界，观察国际形势，关注世界与整个人类的命运，建立科学的世界观；从小的方面说，它要解释正在发生的与社会生产生活实际相关的各种现实政治问题，带我们走进社区街道、邻里街坊，了解当下社会与现实问题，关注百姓的衣食住行和人间的冷暖疾苦。正如作者所说："运用真正的智慧指导自己的生活。通过学习政治，我能够深刻地感受到'无穷的远方，无数的人们，都与我有关'。"如此说来，这是多么有意思、有意义的学科啊！

同时，政治学同时朝深、广两个维度发力。往小处说，就是知识点的识记与个人修行，往大处说，就是宏大的叙事能力，培养家国情怀。

立什么德树什么人，就是政治学科要研究的问题。科教兴国人才强国战略、人类命运共同体，全球安全倡议、全球发展倡议、全球文明倡议都是宏大叙事，都需要战略思维和全球视野。所以说，要学好政治，不仅要准确识记理论知识，也要学会宏大叙事能力。博大而后深耕细作。

学好政治离不开主流资讯。主流媒体就是可靠的信源。我们发现，同一桩新闻事件，或一个热点话题，总有人能抢先一步了解，认知符合主流民意。如何若秋，坚持看《新闻联播》，读党报党刊等主流媒体，而不能沉迷于各类社交媒体、五花八门的小道消息。作者建议订阅几种主流报刊，如《参考消息》《中国青年报》《光明日报》《半月谈》等，从中及时获取主流观点，积累正能量。

政治是关注当下现实问题的学科，与每一个人的生活息息相关。思辨与时评是重要的政治能力。正如作者所说："政治是一门贯穿整个人生的学问，不仅在高中、在大学，甚至将来漫长的人生中，政治这门学科所蕴含的智慧和规律，都会指引着我们的生活。怀着对世界动向的关切，怀着对人类社会的关怀，怀着对智慧的哲思的敬意，去学习政治吧！"

地理：你上天入"地"了吗？

张　敏

核心提示

众所周知，地理是一门"玄学"，但似乎维持在一个水准之上还是有方法的。作为一名曾经被地理折磨至深的老学姐，她通过血泪教训总结出了一些地理学科学习方法，不一定普遍适用，可以根据自己的具体情况选择性使用。用热爱之心拥抱地理，以地理思维统揽整体学习，用规律化方法安排日常学习。"我们的征途是星辰大海"，愿每一个走在地理学习路上的人，都能享受离天地更近一寸的欢喜。

都说地理学科玄学成分较大，但似乎维持在一个水准之上还是有方法的，让我们一起来看看吧！

一、用热爱之心拥抱地理

俗话说，无图不地理。地理以图为基础，无论是经纬网、区域图还是景观图，都能从宏观而学术或者微观而生活的角度，对熟悉或者陌生的世界产生新的认识。

地理是一门极具包容性同时极具专业性的学科。它不仅强调记忆，还强调理解；它不仅重视经验，还重视创新；它不仅关注普遍性，还关注特殊性；它不仅包括现象和结果，还包括推导和逻辑……需要尽可能地从多个方面去理解这个学科，某些刻板印象需要通过切身的体悟去判断和革新。

一是多看书，有很多自然科技类书籍，汇集了许多自然现象、人文社科，能丰富我们的视野，让我们了解更广阔的天地。读书可以借鉴他人阅历，增加自我修行，汇集天地精华。

二是多旅游，旅游时仔细观察，学会用学过的地理知识来解释地理现象。地理是一门涉及面、综合面很广的学科，如果不能多旅游的话，多看看旅游杂志或者地理纪录片像《航拍中国》，既可以作为高三忙碌生活的轻松时刻，还可以拓宽自己的知识面。学习地理最重要的是保持对大自然、对人类社会的好奇心，你会发现地理在生活中无处不在。

三是多观察。生活中处处有地理知识，因此热爱生活，就能做到处处留心皆学问，要特别注意观察生活中的有关地理现象，用地理的角度分析自然现象，思考相关规律，用所学的地理知识解释事物发展的原因和规律。特别是要留心社会生活中的热点地理新闻事件，比如日本核废水排海事件发生后，要学会用洋流运动的规律对核废水排放事件进行科学分析，并及时对相关知识进行宣传。再比如，关注极端天气现象和自然灾害现象，尝试用地理知识予以解释，并提出避免对生命造成更大伤害的措施。还比如，区域交通发展规划征集意见后，可以根据地理相关知识，提出合理的建议。

二、用地理思维统揽整体学习

第一，在自然地理的各要素方面，重视要素间的相互联系，相互渗透，相互制约的逻辑性联系，以理解与演绎为主，一定的机械记忆为辅。比如大气的受热过程，大气在不同分层中组成成分不同，在大气受热过程中，不同层位的大气对太阳辐射的削弱方式也会不同，大气的能量主要来自地面辐射，而大气有保温作用，大气逆辐射回补给地面，要能够叙述原理和绘图；同时理解为什么要讲到这一个点，是怎样从别的点讲到这个点的，这个知识点在整个自然地理的框架中处在怎样的位置，联系前后知识，建立完善的知识框架；并且借用以及思考生活中自己比较熟悉的事物（如塑料大棚）来帮助理解和运用。

第二，要重视共性和个性、整体性和差异性的关系。让原理落地，就需要案例；要解释案例，就需要原理。既要对教材的整体框架高度熟悉，也要将教材"撕碎"，通过画思维导图、写条目式总结等方式形成个人的知识体系。也可以借用目录对知识的编排学习顺序，结合理解，层级递进，构建知识框架。比如大气这一块知识，课本编排的学习顺序是先学习大气的组成与垂直分层，再学习大气的受热过程与热力环流。通过梳理，就可以知道知识间既有并列的关系，也有内在逻辑联系。也可以有效地强化我们对于基础知识的理解与记忆，夯实知识基础。此外，还可以与同伴或者老师相互交流借鉴，在不断推进的复习过程中丰富和完善知识体系。

第三，要重视能力和素养在平时的培养和体悟。地理学的核心思想是"人地协调观"，用通俗易懂的方式表达出来，即用最少的资源，发挥最大的社会效益。要以这个思想理念为主线，把所学的地理知识之间的联系厘清。这个思想看似抽象和空洞，其实蕴含在每一道地理题本身和贯穿于完整的解题过程当中，要多反思和总结，看透命题者在知识和能力上的立意，树立大局观念。

三、用好学习规律

首先是时间投入，因人而异，既不能主观臆断也不能随波逐流。如果地理是弱项，就要在这个学科上花更多的时间，但多花的时间应该是有效率的：旨在解决哪一个板块的、什么样的问题；具体安排在每天的什么时候，是一大块时间还是零碎的时间；具体的方式是刷题还是记忆等等。

其次是摸索方法，总结规律。要摒弃捷径思维，闯出属于自己的地理小天地。

①笔记本：记好上课老师讲的内容，注意老师对于知识逻辑的梳理与案例的列举分析，特别是课本之外的例子的分析记录。搭建起大的行课逻辑，同时搞清楚细微知识点的内容。不明白或者存疑的地方做好标注，及时解决并作为复习的重点。

②吃透教材，强化基础。尽可能在老师上课前自己复习一遍教材和高一、高二的笔记（当然复习不完也不要慌张）。找到关键词，理解每句话在讲什么，每句话之间的关系和段落之间的关系是什么，看到原理的时候能不能想起做过的题。

③仔细纠错，注意细节。使用错题本正确的途径：剪贴题目—分析错因（地图是定位不准？信息是提取遗漏？知识是不熟，还是迁移能力不够？由于看错、看漏等原因产生的低级错误）—正确解答—及时复习。此外，可以写一些要点、结论作为提醒，最好达到看到提醒能回想起这

个错题和这个考点、看到考点能想起这个提醒的程度——相似题目索引、相似点简述，是否相互补充产生新的启发。

④善于积累，及时提醒。一是积累主观题地理术语，可以把大白话和术语都写下来便于对照和提醒自己，比如人口稠密——对应劳动力丰富＆消费市场广阔；深居内陆远离海洋——光照充足＆昼夜温差大＆瓜果甜等。二是积累主观题的思维方式及其细化到题目中的表述：自然考虑地气水土生资源，分别细化成地形地质地貌、气候天气要素（光、热、降水、风）、河湖海、土壤（厚度、肥沃程度、松散程度等等）、动物植物等等，社会考虑市场、劳动力（数量、质量、价格）、技术（价格、水平，比如山区的技术水平低成本高）、交通（方式、速度、成本、通达度等）、政策等。

⑤画图背图，抓住关键。常备草稿纸，多画图记图，比如铁路线图，重要的经纬线位置，航线上的重要地理事物分布，我国的山脉、河湖分布，世界洋流图，世界气候类型分布图，等等。同学之间可以相互抽查，尤其同桌。

⑥精刷少刷，举一反三。作业尽可能按照老师要求完成；高考题（各个省份，放眼全国；各个年份，历史视野）要从命题者意图、题目材料选项、正确错误答案及其推导／排除过程、题目变式等多个角度深挖吃透。模拟题见仁见智，多探讨多补充，不必过于纠结，但也不要放过问题。

⑦总结规律，形成模板。在总结知识体系的基础上，总结考试试卷：时间分配策略，是否有漏洞和调整的空间；题目的思路和具体的答题语言；针对比较共性的方法和知识点总结模板，联系以前做过的相关或者类似的题，形成自己的知识库；搞清楚为什么自己的答案和答案不一样，是哪里不一样，比如有可能是语言表述不规范，或者是一开始思路的错误（本应该围绕少量几个因素纵深分析，我却横向广撒网，但每个因素分析都很浅显，导致错误）等。

最后是错题反思。我将从错题的原因进行反向分析。就选择题而言，做错的原因主要有以下几点：①概念不明；②知识模糊；③审题漏点；④逻辑偏差。其中①和②都属于基础不够扎实，这种可运用上文的方法进行熟悉和巩固。其实正确的选项本身就可以作为知识进行积累，建议在积累时归纳到相应的板块，尽量记在集中的地方。对于③审题漏点，这种错题原因完全可以通过勾画题目中的关键词、圈出图示内容的重要信息而避免。地理选择切忌图快，无论什么难度都要以一颗沉着之心冷（垂）静（死）应（挣）对（扎），但在必要时也要学会取舍，学会跳过。④逻辑偏差，这种错误是比较可怕的，因为一错就会错一组，一家子错得齐齐整整。这种错误在实战中很难避免，我们能做到的就是用量来完善技巧。推荐把这种错题重点分类，首先复盘自己做这道题的思路，再分析自己和正解的偏离点在哪里（这是最重要的！），然后做好笔记。每次保质保量完成这个复盘过程，积累到一定量后就会很少剑走偏锋、逻辑拉胯。千万不要怕自己的逻辑失误，高考前每发现一个问题并改正掉都是你的财富。地理考试没有常胜将军，即使之前有，高三练习量加大过后都会没有。所以一定不要怕犯错，积极复盘自己的逻辑失误，保持一颗平常心，越学越轻松。

错题分析其实是一个比做题本身更重要的过程，"上天入地"并不在于你比我多刷了好多题，而在于我比你多复盘了多少错题。地理玄学的奥义就是无招胜有招，多总结错题形成自己的条件反射，刷题就会变成快乐的升级之路，周测月考什么的自然就毫无压力。

未知意味着的可能是精彩。也许现在的地理还是卡脖子的难题，但谁也说不准明天的世界是什么样子。"我们的征途是星辰大海"，愿每一个走在路上的人，都能享受离真理更近一寸的欢喜。一轮复习已经进入一个深水期，无论现在你处在什么状态，都一定要稳扎稳打。祝福大家在地理学科上斩获佳绩！

学好地理两把刷——读图阅山河

"无图不地理"，这话只说对了一半。从张敏的地理学经验中我们看到，眼读死地图加脚行真山河，才是学好地理的完整答案。

读好地理中的一张张图册，不仅要仔细观察纸面上的曲线和标识，还要把它们与大地上的一域一区一貌一一对应起来。就是说学习地理不仅是眼睛要瞄着课本上的图册，双脚也要行走在大地的山山水水之间，每一幅图册都是在地球大地上铺开的，然后回映在学习者的头脑中。

喜欢地理从读图开始。不论是地理学家或者是广义的科学家，我们都能从他们成长的故事中发现一个共同点：他们中有很多是通过阅读喜欢上科学的。当然，也有的是通过切身的经历。但是对于青少年来说，阅读是最便捷、最常用的打开通向科学之门的钥匙。因此，一定有地理学家在成长过程中的某一时期，就对各种地图册感到好奇。地球那么大，缩放到一张纸上；地貌那么复杂，浓缩到一张图上。所以他们一遍一遍地在图上寻找，试图从中发现些什么。《魏格纳讲的大陆漂移的故事》一书的内容简介中这样写道：假如我们能够看到三亿年前的世界版图，就会发现地球上所有大陆是连成一片的，所有海洋也是连成一片的。那么，世界是如何变成今天这个样子的呢？盯着地图的时间久了，一定会产生这样的联想：陆地在最早的某一个时间点之前，一定是连在一起的……既然是这样，就一定有人能透过地图发现大陆漂移说，这个人就是魏格纳。有了这个惊人发现后，魏格纳紧接着要做的事就是亲自验证它，从此喜欢上了地理。无独有偶，早在 1620 年，弗朗西斯·培根就在地图上观察到，南美洲东岸和非洲西岸可以很完美地衔接在一起。

考好地理因读图而强。有优秀学子形象地说，地图在心中，就能处变不惊，以不变应万变，考地理就算吃了定心丸。这话说得没错，因为空间分布是地理学的核心。地图在心中，相当于把整个世界装在胸中。有学子总结发现：地图是地理的灵魂，是题目的主框架。就像寻宝图一样，把各种错综复杂的地理要素和地貌关系集成到一张图上，一览无余，清晰明了。

众多优秀学子都有自己的读图小窍门：口袋里装一本地图册，走到哪儿看到哪儿，比如旅途中随时查阅；读书时每当遇到地理概念时，随手拿出地图查阅考证，一个都不放过；常年订阅几份报刊，比如《国家地理》杂志；养成画草图、轮廓图，做地理标识的习惯。不论是与同学讨论地理问题，或是向老师请教，能用画图表达和沟通的尽量用画图解决。另外，在学校利用好零碎时间，比如课间休息的时候看一会地图；背书背累了瞄一眼地图；睡觉前把当天地理课上用到的图册在脑子里过一遍。你越爱地图，地图给予你的回报也就越多。

提升素养从行万里路做起。从本质上讲，地理是一门行走中的科学。魏格纳的大陆漂移说，首先是用眼睛盯着地图瞄出来的，可是这毕竟是一种假设，是否成为科学论断，必须经过实地考证。因此，提出大陆漂移说的第二年，魏格纳就踏上了实地考证之旅。《徐霞客游记》肯定不是书斋里编造出来的，而是徐霞客用双脚走出来的。年少时，有人问徐霞客："你的梦想是什么？"徐霞客用笔写下这十二个字："州有九，涉其八；岳有五，登其四"。要研究国家地理，就要有朝现碧海、暮登苍山的志向。六十万字的巨著，是历经三十四年，足迹遍及东西南北十九个省区一步一步走出来的，书中所述一山一水一景一貌都是亲眼所见。对此，梁启超先生的评价十分精准："盖以科学精神研治地理，一切皆以实测为基础，如霞客者独有千古矣。"

有学者研究发现，鲁迅先生原来还是一位被文学耽误了的地理学家。百草园就是他乡土地理的启蒙，《山海经》带他进入古人的地理世界。

身为路矿学堂的学生，先生有幸成为中国首批正规系统学习地学的人。正是这段鲜为人知的经历，滋养了他的地学素养。其后，他参与创办的《浙江潮》，是近代百科全书式的杂志，他早期关于地学方面的作品就发表于这本杂志。最具代表性的作品是：《中国地质略论》和《中国矿产志》。尤为可贵的是，其上的图表都是先生亲手绘制完成的。其后，他在留日期间还发表过一些与地理相关的科幻作品。难怪有人如此评价："这，就是大地理馆眼中的鲁迅：他是一位耀眼的文学大师，也是一位出色的地学大家。"

鲁迅先生学地学最大的特点就是学以致用，是地理学接地气的另一种方式。正因为如此，我们才得以在先生身上发现如此丰厚的地理学养。这与《小王子》一书里描述的那位写巨著的地理学家形成鲜明对比。当小王子问地理学家"你的星球有海洋、山脉、江河、城市、沙漠吗"等时，地理学家统统回答说：不知道。理由是：那些是探险家的事，地理学家只管闭门造车。

因此，地理学科素养的提升，需要走出去，行万里路，在辽阔山河间获得真正的成功。

梦想从这里启航

——多所名校青年领袖特训营侧记

韩世文　韩明礼　黄建海

　　青春是美好的，因为她拥有无限的可能性；梦想是可贵的，因为她引领我们走向更美好的未来。

　　当青春与梦想相遇，便生出无数故事；当思维与智慧碰撞，便产生无穷力量。这是指引方向的领导力，奠基未来的学习力。

　　于是，以思维导学为核心理念，一场场以"发现自我，拓宽视野，提升格局，点燃梦想"为主题的青年领袖特训营（又称清北学霸特训营，以下简称特训营），先后在北京、广州、昆明等地名校上演，不断拓宽学员的视野，拔高学员的精神海拔，让每一个参与其中的人重新点燃自己，激活梦想。

　　这场特训营到底是怎样的特训？又如何通过一周时间让参与的中学生发现更好的自己，找到更大的追求，形成更持久的动力？我们不妨走进这些特训营，从青年领袖身上寻找答案。

以"团队展示"来启航

2023 年 8 月 24 日，在清华附中大兴学校高中部开启了一场为期一周的青年领袖特训营，特训营由十二名清华、北大的优秀学子做导师，来自清华附中大兴学校的九十名高一新生深度参与其中。通过新生与导师的"面对面、手拉手、零距离"，以及一系列的课程和实践活动，引导学生发现学习的魅力，提高个人人生格局，培养深刻的思想境界，提升每个学员的领导力、沟通能力和团队协作能力，为他们未来的发展打下坚实的基础。

特训营选聘的导师十分"特殊"，他们都是来自清华、北大的优秀学长，拥有各自独特的成就和学习背景，但他们也有一个共同点，那就是在高中的三年里，他们非常注重学习方法和学习能力的提升，并且积极参与各种社会实践活动。他们与学员的分享和交流，有助于刚入校的新生更好地了解如何在高中生活中充分发挥潜力，建立自己的学习方法和目标，同时也能够为未来的成长和成功打下坚实的基础。

在别出心裁的微视频导师自我介绍环节里，每一位导师的 VCR 短片介绍来自不同家庭背景的导师的成长经历。导师们"锲而不舍的精神，不遗余力的坚持，发愤创新的范儿"给学员们留下了不一样的印象。

这些青年导师与高一新生年龄相仿，与学员们交流和沟通起来毫无障碍。这种特殊的亲切感帮助学生更轻松地接纳知识。这些学长分享的高中学习经历、学习方法和大学生活点滴，无疑为刚踏入高中的新生提供了宝贵的经验。这些分享对于学生们来说，犹如雪中送炭，帮助他们开阔视野、了解学校以外的世界，提升个人格局，为未来打下坚实基础，这是其他专家和教师所不能提供的。

在"发现自我"主题环节，学员们通过合作学习、与他人交流、沟通和思维碰撞，展示他们的优势，同时也意识到自身的不足，明确自己的发展方向和目标。这个过程实质上就是自我改进、自我成就和超越的过程。在拓展视野的同时，学员们的内在动力被激活，成功实现了动力的"换芯"，激发了更高的行动力，克服了拖延和疲惫，更专注地追求自己的目标，努力实现自己的价值和理想；深入思考问题的本质和影响，更全面地认识自己和世界，更好地规划自己的人生道路，将个人人生梦想融入国家发展的时代浪潮，建立了人生阶段性目标和终极目标。这使他们从整体出发，更好地适应社会的发展、变革和挑战，为未来的成长和进步打下坚实基础。这也正是举办这样的特训营的初衷。

此外，青年领袖特训营也作为一个交流与合作的平台供学生们使用，让他们结识来自不同背景的同龄人，共同探讨学习和生活经验。这种跨学段、跨学校的交流与合作，将学生置于现实与未来的交汇点，成为名校高才生导师与未来领袖人才之间的桥梁，有助于学生拓展视野、增强人际交往能力，并培养团队合作精神。

这样的特训营，随后也在广州清华附中湾区学校、昆明西南联大研究院附属学校等地陆续开营。整体来看，其独特之处就在于它结合了思维导学的原则，"从学习中拓展视野，在拓展中习得方法，从掌握方法中改变习惯，从养成习惯中激活动力"，思维导学强调问题的提出和解决，通过学习如何应用思维导学的方法，学员可以主动参与、反思自己，发现差距，形成清醒的自我认知。这个过程有助于激发学员内在的梦想，引导他们在领导力、创新思维和实践能力等方面不断发展，同时也提高了他们的学习效率和方法。

以"小组合作"为形式

思维导学鼓励学生在小组中合作学习。这有助于他们分享观点、讨论问题，并从同伴中获得不同的见解和反馈，以讨论或辩论的形式扩充思维的多样性。

小组合作是特训营从始至终的形式，这也是思维导学的独特性。

分组后，命名成了小组成员们破冰的第一个任务。"不等式、干得漂亮、考试阅卷、深藏'blue'、说得都对、十人行、代号007"等，或个性，或霸气，或富有诗意。从小组命名可以看出学员们"学习新知，追求美好，奉献团队，成就自我"的美好愿望和朝气蓬勃、青春亮丽的精神风貌。

小组成员此刻或许还互不相识，但以小组为单位的学习可以帮助学员很快打成一片。这也是小组合作的魅力所在。在一天的合作学习后，黄乐轩介绍了她第一天的收获。她认为"在这里认识了非常多志同道合的好朋友"，一天下来，她"学到了很多好的学习方法"，"培养了团队协作能力，以及在未来学习生活当中独立思考和思辨的能力"，活动当中"自己也非常自信地向大家展示了比较独特的一面"，她认为，从优秀的导师身上学到了"无论学习生活当中多么困难，都需要沉着冷静地应对各种跌宕起伏以及低谷期"。学员们夸她"是一个有趣的灵魂"，展讲时"总是能够很快地融入，条理清晰，沉着冷静"。

王梓童则自信地表示，"我们组是'干得漂亮组'，第一天我们就拿得了第一"，一天下来，"收获最大的是团队合作，做思维导图"。导师对我们非常好，"在导师的带领下，我们成功破冰"，"再就是自信心的培养，一开始上去展讲，还不敢说话，一天下来，胆子就大了"。

在语文专题改写的时段，活动现场体现了分工、协作和补位。也体现了一个中学生信任背后的责任与担当。人人都是小组长，个个都是学科长，在这里体现得淋漓尽致。

　　第二天的数学母题改编中，小组合作更是发挥出了惊人的作用。各小组拿到活动要求及三个数学母题后，通过抽签决定小组需要改编的题目。展讲时需要做六件事，即"原题展讲、改变数字、数变字母、因果互换、要素变化和规律总结"。游戏规则规定A组出题，B组做，依此类推。当B组全部做对时，B组就取代A组获得最高成绩。在如此激烈的小组竞争中，小组协作能力或可成为小组取胜的关键，因此学员们都格外团结。此活动目的是，培养学生数学思维、逻辑推理、改题编题和创新能力，使学生掌握改题编题方法，达到做一题通一类的目的。

　　出错了题，惩罚也不小：降低本组等级。

　　三个母题分别为"四边形最值、追击相遇、三角形数形变换"。在整个活动中，学员积极参与改题编题，下课了也不休息，展现出极大的热情。比如，有的小组把四边形最值问题改成字母后，对字母的取值范围提出了要求，还增加了图形变化的条件；再如三角形数形变换的题目，把方程知识与不等式、函数相关内容进行了整合。十二个小组竟然展现了三十六种题型变化，课下完成了一百四十四种变化。学员编题的质量、方法以及展讲的熟练程度，让导师们也惊叹不已。

　　而这，体现的不仅是个人能力，更重要的是团队力量、集体智慧。小组的深度运行，为更好的学习提供了更多可能。

以"主动参与"为基石

　　思维导学强调学生的主动参与。学生被鼓励提出问题、表达观点，并积极参与课堂讨论和学习活动。这有助于激发他们的兴趣和好奇心，提高学习动力。

在北京特训营的首日活动中，青年导师在十二个小组中分享了他们的高中学习经验和求学心得，为学弟学妹们提供了恰切的指导和启发。

北京大学大三学生刘瑜泽导师的"如何提高自己的学习力"；来自北京大学中文系的黄柏泓，关于政史地学习方法的"给时间以知识，而非给知识以时间"；清华大学肖涵兮的"不做别人的'影子'"；清华大学经管学院杨熠化学学习的"体系化和框架化"，以及"学好物理＝思维＋方法＋刷题有道"，以及"时间捡'史'"，"时空观念抢先机，脉络必须清晰，历史逻辑是珍宝，论述高分少不了"；"政"道之光，"高中政治是不同叙事逻辑、话语体系的拼接，高中政治是相同逻辑的不同演绎"……各位导师从不同角度不同侧面给予详尽指导，让学员们受益匪浅。

在广州特训营活动中，清华大学经济管理学院熊立铭导师以趣味性问题导入，从"经济学是什么、经济学学什么、学经济学毕业做什么、学经济学有用吗"等四个方面为学员详细介绍经济学专业；清华大学生命学院赵文源导师分享自己选择临床医学的原因；清华大学工程物理系朱晋渝导师则围绕大学成长经历分享课程、课外活动、专业设置、趣味经历等，使学员们对清华生活以及大学生成长模式有了更为清晰的了解……

各位导师以分享自身经验的方式引导学弟学妹们提出问题："如何构建自己的学习反馈体系？如何调整心态？如何调节考场状态？如何克服负面情绪，集中注意力？周末的休息时间怎样放松？没有目标，怎么办？为什么要学习？"诸如此类学员重视的问题都由导师一一解答，极大地增加了学员在课堂中的参与感与对未来的憧憬。

在整个学习中，每位学员都承担了小组组织、合作、展示和交流的任务，并且不断轮换组织工作。在这个过程中，每个小组和每个人都积极主动地参与，没有休息，现场没有任何一个闲人，每个人都全身心投入。这种学习方式的变革激发了学生学习的内在动力。可以说，全新的教育理念让学习变得更有意义。这种学习组织方式提供了一个平台，不仅提升了每个学员的学习能力，也促进了小组的平衡和协调发展；这种学习形式也展现了"全员参与、各取所需、人人提升、个个发展"的研训方式的独特魅力。

很多学员分享了他们的体验和收获。有学员说"我们都轮流担任小组长""我们每个人都站在讲台上"，还有学员说"导师的分享让我学到了高中学习的策略和方法，我们也学会了如何合理安排时间，甚至掌握了情绪的控制"。可以明显看到，一天下来，学员的变化是巨大的。这种起于主动学习的兴趣是思维导学的第一步。

在之后的英语专题活动中，面对十分艰巨的任务，在接近四小时的时间里，几乎所有学员都没有一刻停止学习活动，甚至连课间休息都在讨论相关学习任务——看来，不是学生不爱学习，而是枯燥的学习方式不受他们待见。如今兴趣使然，主动学习成了特训营里的常态。

以"问题导向"引思考

思维导学注重问题的提出和解决。学生学会如何提出深刻的问题，分析问题，然后通过收集信息和思考找到答案。这有助于培养批判性思维和解决问题的能力。

在围绕语文学科的特训营时光，导师分享了与高中语文学习相关的经验。在分享中，学员大胆提出质疑，积极展开讨论，不同观点交锋激烈，整个现场弥漫着求真务实的氛围。学员争相发言，对导师对语文的多角度解读和学习方法表示质疑，而质疑提问与讨论见证了学员们思考的全过程。

在专场活动"名篇大作我来改"中，"问题导向"引发思考更是贯穿了整个活动。在该活动中，学员们会得到三篇经典文章，根据提供的材料和具体的议论文要求，对三篇文章进行修改，包括《矗立家国情怀的精神灯塔》《涵养"自找苦吃"的精气神》和《推动中国制造抵达更多"极点"》。他们需要针对篇章结构、论点论据、论证方法等方面进行精心的修改，并在整个特训营展示他们修改后的作品。

在这个过程中，有的小组对《推动中国制造抵达更多"极点"》的结构进行了修改，认为应该先写重要性和意义，再写成绩和问题，最后再说推动措施，这样更符合逻辑。也有小组认为，这篇文章缺少对青少年的期待，添加了有关内容。还有的小组认为，文章有好多专业术语，不便于读者阅读，因此改成了通俗易懂、形象生动的语言。

有的小组认为《矗立家国情怀的精神灯塔》一文中，某些观点缺少论点支撑，添加了相关论点。有的小组认为，文章中缺少反面论据，通过对比论证，对文章的分论点进行了补充。还有的小组对如何从青少年抓起，进行家国情怀教育，提出了很好的建议。

有的小组对《涵养"自找苦吃"的精气神》的论点进行了补充，认为吃苦应该从愿吃苦、能吃苦、肯吃苦三个方面进行论证，并增加了现实生活的鲜活论据。有的小组对最后一段文字内容与其他内容的衔接性提出了质疑，并与其他小组进行激烈争辩。还有的小组采用驳论写法，对文章的某些观点进行补充论证。

学员们在修改过程中展现了高度的批判性思维和创造力，不仅大胆质疑、提出问题，而后通过信息采集和思考补充了文章的论点和论据，还改善了文章的逻辑结构和表达方式。这些修改不仅提升了文章的质量，也展示了学员们的深刻理解和分析、解决问题的能力。

这是好问题引发深度思考的直接体现。

以"思维导图"展思维

思维导学常使用思维导图来帮助学生组织和展示可视化信息。这种图表可以帮助学生厘清概念之间的关系，更好地理解复杂的主题。

思维导图是思维导学中最直接展现学习成果的部分，也是思维导学中最显眼的存在。一个学生在画思维导图时，从"寥寥几笔"的留白式手法到层次分明、条理清晰的分布图，能让学生和导师最直观地看到进步，从而使学生产生成就感。

在一次次特训营中，所有任务的呈现都有思维导图的存在。比如在首日分营活动中：各组导师分享了自己的高中学习经验；三个小组抽签并合作制作思维导图，将导师分享的内容图形化表达；随后各小组相互点评，并简要总结他们制作的思维导图的特点，然后进行评分，以选出全天最高分。

随后的分营活动同样分为几个步骤：导师在小组内分享自己的学科学习方法；三个小组再次抽签并合作制作学科学习方法思维导图，将导师的分享内容可视化呈现；随后小组相互点评并简要总结学习方法思维导图的特点，评选出全天最高分……

由此可见，思维导图的使用贯穿学习过程。在语文专题活动中，由青年导师介绍自己高中语文学习经历和经验体会，学员根据导师的分享，结合自己体会，讨论形成高中语文学习方法思维导图。小组的文章改写过程通过思维导图的形式呈现，从论点论据、论证方法到文章结构，从点到线、从线到面，最终完成改写。

英语专题中，更是直接在任务发布中标明了需要使用思维导图作为答题方式，提炼文章的关键信息和每个段落的关键词，画出文章的思维导图，并据此复述文章的主要内容。

数学专题中，一张逻辑清晰的思维导图可以成为小组在当日胜出的关键性因素。在当天的活动中，首先由导师分享他们高中数学学习的经验和体会。然后，小组展开讨论，形成高中数学学习方法的思维导图。在小组内宣讲后，通过抽签方式，全体学员进行展讲。

其中一个小组强调高中数学学习的关键在于深刻理解数学概念和运用数学思维，掌握解题方法和规律，而不是仅仅依赖大量刷题。他们认为只要建立坚实的基础，理解并掌握数学思维和方法，再加上适量的练习，就可以有效应对数学学习的挑战，使高考数学变得更加简单。该小组的观点逻辑条理分明，这一点也展现在他们的思维导图中。

最后，通过小组评分选出了当天的优胜组。整个活动过程成功地调动了每位学员的积极性，思维导图则成为展示思维成果、提炼关键问题的重要工具。

以"学习策略"作导向

思维导学引导学生如何制订学习计划、管理时间、制定目标和选择合适的学习资源。这有助于提高学习效率和自主学习能力。

导师分享自身经验可以作为学生制订自身计划的参考，因此，在每一个学科活动开始，都会有导师介绍学习经历。在导师分享后，学员需要根据导师的经验结合当前形势与自身现状，归纳总结出适合自己的学习策略。

单语文一科，学员们就总结出十个需要注意之处：

1. 调整心态，保持一颗语文学习的"虔敬之心"，学会欣赏语文之美。真正明白语文在学习和生活中的重要性。摒弃"学不学都是一样的""语文就是玄学"的心态。虽然越到高三语文教学会越应试化，越强调规范，但我们仍然要培养和保持对于文字本身的兴趣，而不是一味地刷题，背套路。始终坚持语文学科的"长线学习"思维。

2.端正态度，克服急功近利意识，调整语文学习方向。不局限于老师让我背什么就背什么。好读书，写文章，勤积累。重视阅读——不积小流，无以成江海；预习和复习——"知所先后，近乎道也"；如何高效积累高考语文背诵的知识——日积月累，慢即是快；阅读、练题的矛盾——阅读为主，练题为辅。

3.统筹兼顾，合理安排九科或者六科的学习规划。结合所学科目，规划语文学习，既不心血来潮只学语文，也不会不管不顾不学语文。高一、高二保证充足的时间学习语文，打牢基础，高三一轮地毯式复习，二、三轮复习可以根据自己的情况合理调整。巧用零碎时间，形成习惯。

4.重视课本重视课堂，形成语文学习模块化意识。按照每一个板块进行积累和学习，摒弃听语文课没用的想法。语文学科的特征是，部分考题和平时所讲内容关系很大，基本上就是要做好归纳记忆，在阅读理解、写作、古文上，考题与平时所讲内容又看似不太相关，但实际上并非如此，注重培养解题素养非常重要。

5.抓住阅读和理解这一高中语文学习的核心。多读经典文学作品，注重写作训练，善于分析和归纳。提高对文学作品的理解和欣赏能力。在阅读过程中，分析和归纳文学作品中的主题、情节、人物形象等要素，以及分析作品的结构和艺术手法，深入理解作品的内涵、艺术特点和意义。

6.注重逻辑，坚持积累，做到胸中有墨水。在注重逻辑的前提下，做好立意和审美。注重思考和逻辑的严密性，写好议论文，学好文言文，提高语言表达能力和思维逻辑能力。坚持文化积累、文学常识积累、优秀语段篇章的积累，包括精美的字词句子、名人名言、好的事例材料、典型作文素材的积累。

7. 在打好基础上抓进阶。从新手到高手的进阶之路，一是抓基础，包括写作（应试性、实用性）、阅读（课内、课外）、常识（文学、生活）；二是抓进阶，包括时事（国际、国内、个人）、做题和总结分析归纳。

8. 查漏补缺，明确学法。在高一第一学期适当补充学习相关的语法知识，如词的构成、词类划分、短语分类、句子成分、单句与复句、常见的语病、文言文中常见的词的活用及特殊句式等。学会预习、做笔记、使用工具书等。做到三先三后：先预习后听课；先复习后做作业；先独立思考后请教别人。做到三戒三倡：一戒把学习当作苦役，提倡对知识和智慧的追求；二戒过多地、单纯地死记硬背，提倡以掌握事物本质规律的理解记忆为主；三戒解题模式化，提倡勤于思考，提倡思维的灵活性。

9. 平时积累，考试成篇。平时积累：积累好词好句和事例素材，1个事例N个素材。练习方法：一材多用，同一素材突出不同主题。素材积累包括时事热点、新近事例（新闻——人民日报公众号）、古今中外（避免素材类型单一），避免有争议的素材（如针对某些商界人物，可以阐述真实事例，不主观赞美）。考试成篇：包括立意→审题＋多元辩证思维；结构→简单三段式或其他高级结构；语言→阅读＋背诵积累。题目结构：主谓、动宾、偏正等。高分作文的要素：字好看；开头的论点，要足够新颖和吸引人。

10. 阅读理解有奥秘。在阅读文章时，注重理解作者的观点和意图。要注意关键词和上下文的联系，通过标记关键词和重点句子来帮助记忆和理解。学会运用推理和推测的能力，理解隐含的信息和作者的意图。泛读与精读：在阅读一篇文章时，首先进行泛读，了解文章的大意和结构。然后再进行精读，深入理解文章的细节和内涵。速度与理解：泛读时，要注重提高阅读速度，同时保持对文章的理解。通过阅读技巧，如扫读、略读等，快速获取文章的关键信息。分析思考：精读时，学会提问和思考。例如，这篇文章的主题是什么？作者想表达什么观点？文章的写作风格和语言特点是什么？

数学活动中，学员们也保持优异的水准，提出了多种可行的学习策略。"如何把数学之花开在高山之巅？"一个小组针对高中教学存在的盲目刷题、无效刷题、刷无效题的痛点，以系统思维的方法，紧紧抓住"题"这个"牛鼻子"，规划了把"数学之花开在高山之巅"的实施路径。以"平日的数学练习、编纂试题、错题点本、轮盘大法"为二级子题目，设计了全新的学习方法：平日里做好数学计算、代数综合、合理使用草稿、"抄"出好成绩。在做题做什么方面，筛选有典型思维、创新和有代表性的题，特别提出了编纂试题：通过思维导图把握单元或板块知识与方法，转换思维角度，由受试人向出题人转换，体会出题人的思维，与同学交流心得，互相讲题。在错题点本方面，不是一抄了事，而是精准找到错误点，合理排布晒出要点，形成一条错题点，这样做的优势在于高效、节约时间，密度高，便于复习，引发新思考。在轮盘大法方面提出：整理资料，总结题型，归纳方法，读懂例题，整理运用。

有小组从"数学能力与思维技能、学习方法论、如何学好数学、真正的数学"等维度对数学学习的要素进行了分享，提出"掌握基础、理解原理、自主思考、灵活变通"等方法。有小组"于大处着眼"，梳理整体结构，学目录、学导言、做导图、划分意义群，梳理关系；"于小处着手"，把单元知识核心定理延伸到整个体系。识别模式，反复练习，区分定理、条件、方法论、题型、方法、易错点，反复做到实处；通过权衡利弊形成学习的战略战术。

有小组提出草稿分区、错题归纳、考前归纳、错题归纳四步法。有小组提出"数学拯救计划"：A（成功）=X（正确方法）+Y（努力学习）+Z（少说废话）的公式。还提出注重基础的方法：掌握基本概念，把握考点，课本学习常读常新，总结做题流程等。

有小组提出学习数学要"直面痛苦，认清现实"，归纳了数学"听课、复习、考试"的方法。在听课方面，提前预习，听课时全神贯注，耳到、眼到、心到、口到、手到，注意开头结尾，课前做好精神准备和物质准备，上课时做好笔记，注意讲课要点和课上思考；在复习方面，建立错题本，课下回忆复习，梳理总结单元知识和方法系统；在刷题方面，避免沉迷套卷、从不复盘，检查做题方法是否正确；在考试方面，考试前，心理暗示，提醒自己增加自信，考试中，把握时间，答题规范，思路清晰。

在英语的学习中，学员们也展讲了许多学习策略。有的小组鼓励大家张开嘴巴，不学哑巴英语，有的小组呼吁同学们在生活中学习英语，比如看英文电影、听英语新闻、阅读英文小说等，有的小组强调在大量阅读中扩大词汇量和掌握语言现象，有的小组建议同学们增强对英语文化背景的理解，有的小组希望把阅读和写作结合起来，以读促识，以读促思，以读促写。当然，也有小组以传统的听说读写要求为基础展开。

……

学习策略的提出是为了更好地帮助学生管理好自己的学习时间和计划，在刚刚步入高中的时刻，学员们已经为自己的未来三年制定好了属于自己的学习策略，这无疑是帮助他们在梦想的道路上前进的一大步。

以"自主学习"为目标

思维导学的目标之一是培养学生的自主学习能力，使他们在教师指导下能独立学习和探索知识。

在英语专题活动中，学员自主探索阶段的所有任务皆可为学生自主学习的样本。

"我是英语阅读达人"英语学习活动中，学员们围绕"Social media changes how we interact""Laying present fears to rest""Scientists collect snow samples in the Arctic"三篇文章中的一篇文章，按照下列思路完成相关学习任务：

1.根据文章标题猜测文章的主要内容（写了什么，怎样写的，为什么要写），并在阅读文章后，说明自己的猜测与文章的异同，以及对自己写作类似文章的借鉴价值。

2.按照阅读理解类试题测试的问题类别，自己编写问题（至少五个以上的问答题），并尝试回答。

3.猜测文章中的新词汇或短语的大意，再查阅双解词典，写出相应的英文注释，然后再列出同义词或近义词，编写词汇练习，并写出答案。

4.找出文章中三个长句，把其分开成短句子，总结长句构成规律，然后编写语法改错题或填空题，并写出答案。

5.按照高考CLOZE TEST的命题要求，对阅读文章命题(至少十个空)。

6.提炼文章的关键信息和每个段落的关键词，画出文章的思维导图，并据此复述文章的主要内容。

7.尝试删除文章最后两段后，续写与文章主题一致，但内容不同的一到三段文章。

8.用英语写一段读后感。然后，小组讨论、修改、完善，并进行展讲准备。可以很精确地提出前几个问题中的关键词"猜测"，学员便可依照此任务自问自答，完成自主学习的整个过程。

在仅三天的思维导学训练后，克服语言的难关完成此艰巨的任务，看上去几乎是不可能的。但在导师的指导和同伴的帮助下，学员还是比较顺利地完成了这个看似不可能的任务：有的学员说拿到"Scientists collect snow samples in the arctic"这篇文章后，猜测文章描写科学家在北极收集雪样本的过程，但读完原文后发现，文章的主要内容是写北极雪中出现了塑料微粒以及对人类的危害，并谈了自己写作科普类文章时的体会：可以模仿此篇文章严密的逻辑、清晰的结构、生动的说明方法来写自己的文章。有的学员说明了自己命的 CLOZE TEST 题目以及命题依据。有的小组介绍了本组删除"Laying present fears to rest"一文后两段后，续写的内容与原文的不同之处：列举科学家的研究证据，说明噩梦不单纯是有益的，也有很多有害之处。至于词汇练习、阅读理解类问题以及语法练习编写这些以前老师常做的工作，相比起上述复杂任务而言，就显得微不足道了。

在渡过了如此艰险之关后，人人参与的学习环境使得人人皆有了"自主学习"的样本，真正做到了人人提升，个个发展。

学习最终都应该走向自主，在相对的条件和方法支撑下，越自主的学习，其成效可能越大，应对未来的挑战越有力。

以"跨学科应用"来实践

思维导学强调跨学科学习，鼓励学员将不同学科的知识相互关联，以不同学科的思维融合来启发新的学科思维，便于用更全面的方式理解世界。

在数学专题中，已有学员以自主的形式实践了"跨学科应用"。在数学母题改编活动里，有小组把追击相遇问题，与物理学加速度的知识相结合，并增加了相遇次数的要求。

在特训营中，"跨学科应用"最集中体现在英语专题活动上。英语是语言难关，导师们对难度进行了升级。在"我是英语阅读达人"的学习活动中，要求学员围绕"Social media changes how we interact""Laying present fears to rest""Scientists collect snow samples in the Arctic"三篇超出他们能力范围的文章中的一篇文章，按照思路完成相关学习任务。

其中，按照阅读理解类试题测试的问题类别，自己编写问题（至少五个以上的问答题），并尝试回答。结合了前日的数学思维，需要组员结合自身创新思维完成此题。

提炼文章的关键信息和每个段落的关键词，画出文章的思维导图，并据此复述文章的主要内容。该题可结合语文阅读的经验以及思维导图完成梳理。

该活动的最后两题：尝试删除文章最后两段后，续写与文章主题一致，但内容不同的一到三段文章；用英语写一段读后感，然后小组讨论、修改、完善，并进行展讲准备。二者皆可与语文学科互通。前一题可以借鉴随后语文专题活动中的经典文章改写来进行，后一题则是考验写作能力。这两个任务虽都有借鉴但难度均有所上升。通过"读后续写"改写和分析写作意义的形式，对学员阅读和写作能力进行综合训练。根本目的是通过删除后续写和写阅读感受的方式，提高学生思辨与写作能力，而删除后续写与续写的不同在于，前者更强调审辨式思维，提高了教与学的要求，给刚刚进入高一的学生带来了极大的挑战。

"跨学科应用"是对学生思维逻辑的整合再转化，短时间内实现"跨学科应用"的可能性并不高，特训营将该实践放在了课程的最后一项，也是希望学员能够在最短的时间里把学到的知识化为己用，达到自身潜能的突破，并由此产生成就感。

以"适用性"作延伸

思维导学不仅适用于学校教育，也可在职业培训、创新领域以及个人成长中应用。它有助于培养人们的分析能力、创造性思维和解决问题的技能。

青年领袖特训营旨在引领学生在高中三年中，不仅追求卓越的学科成绩，更要发展卓越的学习能力和思维方法。通过引导学生的方式提前规避了一些高中学习过程中可能出现的问题，比如厌学、偏科以及创新力匮乏等。通过深入思考、系统整理知识、掌握有效解决问题的方法，学生们不仅能够在学业上取得更好的成绩，还能够培养出自主学习的习惯，拥有创新思维和协作精神。

在特训营中，我们已经看到了许多学员在短时间内的巨大进步。学员们通过与清华、北大导师的亲密互动，学会了更高效的学习方法，通过思维导图的构建，更清晰地理解了知识体系。他们在讨论和展示中锻炼了自己的表达和沟通能力，更加自信地站在了讲台上。

通过特训营的形式，不断培育人才，引领人才，唤醒价值成长力。我们期待着看到每位学员不断成长，不仅在考试中取得佳绩，更在未来的学习和生活中，展现出卓越的能力和领导力。当自身潜能被不断释放时，人就会在面对困难时有说出"我可以"的勇气。每个人都可以创造属于自己的成功，思维导学从共性出发，挖掘个性，让每个学生的人生拥有了更多可能。

青年领袖特训营的导师在深度参与过程中，也总结出以下的培训价值：

定位高：助力孩子终生发展。相较于以往针对高中学科学习的培训活动，这样的培训格局更大，其注重"授之以渔"，解决学习的底层问题，效在长期；注重培养学生的综合素质和能力，而不仅仅是传授知识；这是从整个高中阶段甚至成长全程的尺度来讨论和培养学生的自我性、前进动力、胸怀格局与梦想等更根本的问题。这样独特的目标定位让人眼前一亮。

形式新：双导师＋小组制，师长保驾，好友同行。特训营既有来自清华、北大的高校学生作为青年导师，又有各个学科的名师引导。青年导师分享自己的学习方法、学习经验，引导学员结合自己的实际，提高学习能力；学科名师引导学员发现学科之美，探索方法规律，学会变化创造，激发学员自主学习的欲望；通过小组合作形式，最大限度鼓励学生自主创新，培养勇气、自信、创造力，激发学生敢想敢干的优秀品质。

过程实：四大模块＋三大学科活动，稳打稳扎学得真功夫。特训营四大模块有逻辑且相互贯通，全程不是生涩的方法灌输，也不是一碗碗鸡汤，有相对应的学习方法，有即时效果的检测反馈，有上台展示自我的黄金机会，有导师给予的建议与鼓励，实现了闭环的传道习术。学员们得以突破眼前高中生活的局限，走进大学，走进大学学科，了解社会。在耳濡目染的熏陶、交流和引导中，学员得以进一步开阔视野、提升格局、习得方法。

在结营仪式上，特训营总导师房超平为学员写下了这样的颁奖词：

无限的可能性
——致如此优秀的你

从羞羞答答到从容大方

从顶礼膜拜到水乳交融

从犹豫彷徨到直呼过瘾

从信心不足到踌躇满志

……

五天的时间

不长也不短

但一定会给我们

留下深刻印象

因为它见证我们

成长的足迹

更因为它激励我们

成为更好的自己

一日为师

终身为友

让我们成为永远的朋友

不论何时何地

相互牵挂

相互激励

相互支持

在我们为导师的成就

倍感自豪的同时

也期待导师默默祝福

我们的每一点进步

我们从导师身上

学到了学习方法

也学到了改变自己的策略

更学到了他们追求卓越的精神

并以此鞭策自己不断前行

任何时候

都要坚信

自己的潜力是无穷的

只要我们

不放弃希望

不故步自封

不犹豫徘徊

我们就有无限的可能性

因为我们恰同学少年

因为我们生逢其时

更因为有更多优秀的人

关心和支持

与优秀为伍

与真理为伍

因为我们认识了

一批优秀的人

更因为我们看到了

智慧的力量

它应该成为我们的座右铭

伴随我们成长的每一步

为我们赢得更高的平台

让我们成长的每一步

都坚实有力

方向比距离更重要

既然我们确定了目标

我们就应该仰望天空

义无反顾

选择比努力更重要

既然我们选择了远行

我们就应该脚踏实地

执着前行

信心比黄金更重要

既然我们坚定了信心

我们就应该主动进取

不断超越

特训营即将结束

而结束意味着新的开始

一段更加精彩

又崎岖的旅程的开始

但这样的开始

已与以往完全不同

它是站在一个新的

更高起点上的开始

它赋予了我们不一样的使命

它给我们注入强大的正能量

让我们在追梦路上

风光无限

特训营有结束之日，但是成长没有尽头！

每一次优秀的相遇，都将为美好未来种下理想的种子！

越努力，越幸运，卓越人生梦想，就这样从这里启航！